经济高质量发展学术文库

人口结构变迁对农村经济韧性的影响研究

Research on the Impact of Population Structure Change on Rural Economic Resilience

王泽宇 王平达 著

东北财经大学出版社 大连
Dongbei University of Finance & Economics Press

图书在版编目（CIP）数据

人口结构变迁对农村经济韧性的影响研究 / 王泽宇，王平达著. —大连：东北财经大学出版社，2025.4. —（经济高质量发展学术文库）. —ISBN 978-7-5654-5632-9

Ⅰ. C924.24；F323

中国国家版本馆CIP数据核字第20252MJ991号

人口结构变迁对农村经济韧性的影响研究

RENKOU JIEGOU BIANQIAN DUI NONGCUN JINGJI RENXING DE YINGXIANG YANJIU

东北财经大学出版社出版发行

大连市黑石礁尖山街217号　邮政编码　116025

网　　址：http://www.dufep.cn

读者信箱：dufep@dufe.edu.cn

大连金华光彩色印刷有限公司印刷

幅面尺寸：170mm×240mm　字数：178千字　印张：11.25　插页：1

2025年4月第1版　　2025年4月第1次印刷

责任编辑：蔡　丽　王　斌　　责任校对：那　欣

封面设计：原　皓　　版式设计：原　皓

书号：ISBN 978-7-5654-5632-9　　定价：78.00元

教学支持　售后服务　　联系电话：(0411) 84710309

如有印装质量问题，请联系营销部：(0411) 84710711

前言

近年来各类不确定性冲击逐渐成为世界经济发展过程中的频发现象，放眼国内，中国经济正面临不少困难和挑战，主要是国内需求不足，部分企业生产经营困难，群众就业增收面临压力，风险隐患仍然较多。作为典型的农业大国，农村经济是中国经济的重要组成部分，长期以来我国农业发展呈现“大而不强”特征，存在农业资源约束趋紧、农业产业链条较短、农业生产方式落后等固有矛盾，加之农产品国际贸易摩擦频发、城乡融合发展体制尚未健全等因素，导致农村经济系统应对内外界不确定性风险的难度增大，从而倒逼农村经济系统提升经济韧性。同时，伴随着农村人口结构发生的巨大转变，农村地区逐渐呈现出人口深度老化、红利不断减少、空心化快速发展、教育水平仍然较低、人才总量匮乏且结构失衡的严峻特征，且该趋势较长时间内不可逆转，造成了农业生产经营主体的弱化，构成了制约农村经济可持续发展的现实矛盾，不断强化着在锻造农村经济韧性过程中的风险角色。因此，本书从农村人口结构视角出发考察人口结构变迁对农村经济韧性的影响，不仅为制定中长期农村经济韧性锻造计划提供了新的政策视角与理论依据，对于正确处理农村人口结构演变趋势与农村经济可持续发展间的关系也具有重大和深远的意义。

本书沿着“理论分析—现状分析—实证分析—对策分析”的思路展开阐述。首先，在核心概念界定与相关理论阐释的基础上，构建并深入探讨了农村经济韧性的理论体系，进一步从农村人口年龄、就业、教育结构三大维度出发分析了对农村经济韧性影响的作用机制；其次，一方面对中国农村人口年龄结构、就业结构与教育结构的时空变迁特征进行了分析，另一方面构建了中国农村经济韧性评价体系，并进行了水平实证测度及时间演变特征分析；再次，采用多种计量经济学方法实证检验了农村人口年龄结构、就业结构和教育结构变迁对农村经济韧性的影响机制；最后，从农村人口结构视角提出了锻造农村经济韧性的政策建议。

本书的创新之处在于增加了人口结构变迁赋能农村经济韧性锻造这一新的研究视角，在完善农村经济韧性理论体系的基础上，系统构建出农村经济韧性综合评价指标体系并进行水平测度，进一步深入剖析了农村人口年龄、就业与教育结构变迁对农村经济韧性影响的内在作用机制并进行实证检验，为探寻基于人口结构视角提升农村经济韧性的路径提供了理论与现实依据。

本书在出版过程中得到了沈阳师范大学博士科研项目启动基金（项目编号：BS202501）的资助、沈阳师范大学国际商学院的支持以及东北财经大学出版社的帮助，在此深表谢意。由于作者水平有限，书中难免有疏漏之处，恳请读者批评指正。

王泽宇

2025年3月

目录

第1章　绪论

1.1　研究背景

近年来各类不确定性冲击逐渐成为世界经济发展过程中的频发现象，如2008年全球金融危机、2018年中美贸易摩擦、2020年新冠疫情①暴发等，给各国经济运行带来了诸多风险挑战与不确定性，并导致全球经济增长放缓。放眼国内，中国经济正面临着需求收缩、供给冲击和预期转弱的“三重压力”，影响了宏观经济运行的稳定性。事实上，在疫情全球蔓延，世界经济低迷的大背景下，中国在全球主要经济体中率先控制住疫情、率先复工复产、率先实现经济正增长，正是中国经济拥有巨大韧性与强大活

① 2022年12月26日，国家卫生健康委员会发布公告，将新型冠状病毒肺炎更名为新型冠状病毒感染。经国务院批准，自2023年1月8日起，解除对新型冠状病毒感染采取的《中华人民共和国传染病防治法》规定的甲类传染病预防、控制措施；新型冠状病毒感染不再纳入《中华人民共和国国境卫生检疫法》规定的检疫传染病管理。2023年5月5日，世界卫生组织宣布，新冠疫情不再构成“国际关注的突发公共卫生事件”。

力的体现。作为典型的农业大国，农村经济是中国经济的重要组成部分，农村经济的可持续、健康发展对于中国经济保持连续性、稳定性增长至关重要。2023年中央一号文件指出，“守好‘三农’基本盘至关重要、不容有失”，“必须坚持不懈把解决好‘三农’问题作为全党工作重中之重”。这充分彰显了农村经济的“稳定器”与“压舱石”作用。然而长期以来，我国农业发展“大而不强”特征凸显，农业资源约束趋紧、农业产业链条较短、农业生产方式落后等固有矛盾，加之农产品国际贸易摩擦频发、城乡融合发展体制尚未健全等，导致农村经济系统应对内外界不确定性风险的难度增大，阻滞了农业生产效益的提升与农村经济的高质量发展，从而倒逼农村经济系统提升韧性能力。因此，如何最大限度地降低上述风险对农村经济系统造成的冲击，即运用韧性思维去锻造农村经济系统有效抵御风险、自我调节进而开启新的发展路径的能力，对于推进乡村全面振兴及农业农村现代化转型具有重大的理论和现实意义。

习近平总书记指出，人口问题始终是我国面临的全局性、长期性、战略性问题。人口自身的发展状态以及人口与经济社会、资源环境的互动关系，都将直接影响我国的现代化进程。党的十九大报告首次提出实施乡村振兴战略，成为新时期做好“三农”工作的重要遵循，其中无论是经济建设、生态保护还是乡村治理，“人”都是起点与落脚点，成为一切农村生产活动的主体与保障。2022年12月，习近平总书记在中央农村工作会议上强调：“要引进一批人才，有序引导大学毕业生到乡、能人回乡、农民工返乡、企业家入乡，帮助他们解决后顾之忧，让其留得下、能创业。”因此，从一定意义上看，准确把握我国农村人口自身的发展状态与变迁趋势，培育造就一支懂农业、爱农村、爱农民的“三农”工作队伍，对于推进乡村振兴的顺利实施，加快农业农村现代化发展具有重要意义。

随着中国农村人口结构变迁的持续进行，中国农村人口结构也呈现出“新常态”特征：

一是在人口年龄结构方面，自2000年起我国农村正式进入老龄化社会，并且随着人口老龄化程度的日渐加深，呈现出“城乡倒置”现象；自2007年起农村人口进入少子化状态，农村人口生育水平明显下降，总和生育率持续走低；从农村人口总抚养比构成的变动趋势看，未来农村人口抚养负担将由以少儿人口抚养为主转变为以老年人口抚养为主；分地区看，2020年全国除西藏自治区的农村尚未进入老龄化社会之外，其余30个省（自治区、直辖市）的农村地区全部进入老龄化社会，而同年东部地区农村已进入严重少子化社会，中部地区农村正处于少子化社会，西部地区农村尚未进入少子化社会。

二是在人口就业结构方面，2001—2020年中国乡村人口数以及乡村从业人员一直呈现急剧下降趋势，其中乡村从业人员中呈现农业就业人数快速下降、非农就业人数显著提升的变迁趋势，改变了农村劳动力以农业为主的单一就业格局；分地区看，2020年农村非农就业人员比重呈现"东高西低"的分布特征，最高与最低省（自治区、直辖市）的非农就业人员比重差距相比2000年有所扩大。

三是在人口教育结构方面，2001—2020年，中国农村人口平均受教育水平呈现稳步提升趋势，但总体相对较低的特征依旧明显，同时农业农村人才不仅表现出总量相对匮乏，还呈现出结构失衡、教育水平较低的特点；分地区看，2020年农村基础型教育人力资本比重呈现"西高东低"的分布特征，同年专业型教育人力资本比重呈现"东西高，中部低"的分布特征。

综上，伴随着农村人口结构发生的巨大转变，农村地区总体呈现出农村人口深度老化、红利不断减少、空心化趋势快速发展、整体受教育水平偏低、人才总量匮乏的显著特征，且此趋势较长时间内不可逆转，造成了农业生产经营主体的弱化，构成了制约农村经济可持续发展的现实矛盾，不断强化着在锻造农村经济韧性过程中的风险角色。

本书将农村人口结构纳入农村经济韧性影响因素的考察范畴，并试图回答以下一系列问题：农村经济韧性的内涵如何界定？农村经济韧性的理论分析体系如何构建？中国农村人口结构的时空变迁趋势如何？中国农村经济韧性的水平测度与演变特征是什么？农村人口结构变迁具体通过何种路径对农村经济韧性产生影响？具体地，农村人口结构变迁的这种农村经济韧性影响效应在总体上、区域间以及维度间又存在何种差异？本书将针对以上问题展开研究，这不仅关系到未来农村人口发展的政策取向，更重要的是从农村人口结构视角把握农村经济系统运行所面临的机遇与挑战，对于增强农村经济系统抵御内外部风险冲击、调整自身结构与模式进而实现发展路径突破的能力具有重大的理论和现实意义。

1.2 研究目的与意义

1.2.1 研究目的

本书在中国农村人口结构变迁呈现“新常态”特征以及农村经济系统面临诸多内外部风险的背景下，从农村经济系统的基础性要素以及增强农村经济韧性的基础性条件——人口结构视角出发，深入剖析农村人口年龄、就业与教育结构变迁对农村经济韧性影响的内在作用机制并进行实证检验，以期从人口结构视角提出增强农村经济韧性的政策建议。本书的研究重点以及试图解决的问题包括以下几点：

1.2.1.1 揭示农村人口结构变迁影响农村经济韧性的作用机制

首先，对农村经济韧性的构成要素、内外部冲击因素识别、应对内外部冲击的机制以及自身的强化路径进行深入分析，探索形成农村经济韧性的理论体系。

其次，在构建出农村人口结构变迁影响农村经济韧性理论分析框架的基础上，从农村人口年龄结构变迁、人口就业结构变迁和人口教育结构变迁入手，深入剖析对农村经济韧性影响的作用机制，为后文进行实证检验提供理论依据。

1.2.1.2 实证检验农村人口结构变迁对农村经济韧性的影响

在对中国农村人口结构的变迁趋势分析以及中国农村经济韧性进行体系构建、水平测度和演变特征分析的基础上，运用多种计量经济学方法，实证分析农村人口结构变迁对农村经济韧性影响的总体效应、异质性效应和作用路径。

1.2.1.3 从人口结构变迁视角提出增强农村经济韧性的若干对策

在理论分析与实证检验的基础上，从人口结构视角出发，提出促进农村经济韧性提升的有效政策建议。

1.2.2 研究意义

1.2.2.1 理论意义

目前，国内外有关农村经济韧性的研究尚处在起步阶段，还没有形成较为丰富的理论研究体系，仍需在概念界定、体系构建和运行机制等方面进行深入探究。本书的理论意义是：

首先，基于演化韧性的视角，对农村经济韧性的概念进行了科学界定，明确了农村经济韧性的定义范畴。

其次，通过建立农村经济韧性的理论分析框架，一定程度上丰富了农村经济韧性的理论研究体系，并据此系统地构建出农村经济韧性综合评价指标体系，不仅较为科学系统地给出了农村经济韧性的评价标准，还在总体及各子维度的时间演变特征分析方面取得了突破。

最后，从农村人口年龄、就业、教育结构出发分析了对于农村经济韧性的作用机制，不仅拓展了农村经济韧性的理论研究视角，还完整构建了农村人口结构对农村经济韧性影响的理论分析框架，为从人口结构视角提出增强农村经济韧性的政策建议提供了理论依据。

1.2.2.2 实践意义

现阶段运用韧性思维去锻造农村经济系统快速识别、有效应对内外部风险进而寻求新增长路径的能力，对于巩固拓展脱贫攻坚成果同乡村振兴有效衔接进而实现农村经济高质量发展具有极强的现实意义。

首先，通过对中国农村人口结构变迁趋势的考察，使其人口深度老化、空心化快速发展、教育水平仍然较低、人才总量匮乏的“新常态”特征得以呈现，对于充分把握现阶段中国农村人口发展的变迁趋势与特征，促进农村人口结构政策优化具有重要的现实意义。

其次，对中国农村经济韧性及各子维度进行水平实证测算并分析时间演变特征，有助于深刻认识现阶段农村经济韧性的发展规律，为农村经济系统平稳可持续发展提供全新思路。

最后，从农村人口结构视角提出增强农村经济韧性的政策建议，不仅为制定中长期农村经济韧性锻造计划提供了新的政策视角，还有助于正确处理农村人口结构演变趋势与农村经济可持续发展之间的关系，从而构建出更具强大韧性的农村经济系统。

1.3 国内外研究综述

1.3.1 国外研究现状

1.3.1.1 关于农村人口结构对农业生产影响的研究

（1）农村人口年龄结构与农业生产

国外对农村人口老龄化问题关注较早，较为集中于年龄与生产方式（Gross and Taves，1952；Copp，Sill，and Brown，1958）和年龄与劳动生产率（Tauer，1993；Ji et al.，2017）以及年龄与技术应用（Carlson and Dillman，1988）等。研究发现，农村人口老龄化与新生产模式的采用、土壤保持投资、个体生产能力以及农业设施与机械使用均呈负向关系，其中Ji等（2017）研究发现人口老龄化对农业生产的影响存在不确定性，取决于农业机械与生产性服务的可获得性以及所处地理环境的差异。

（2）农村人口就业结构与农业生产

国外关于农业劳动力要素变化对农业生产的影响研究主要集中在以下方面：就业结构对生产效率（Brauw，2015）、就业结构对作业方式或生产技术（Hayami and Ruttan，1985；Zhang，Yang，and Thomas，2017）、就业结构对种植结构（Strijker，2005；Stampini and Davis，2008）、就业结构对产出效率（Rozelle，Taylor，and De Brauw，1999）、就业结构对农地流转（Huang，Gao，and Rozelle，2012）。值得注意的是，人口就业结构的改变既可能对技术进步形成阻碍，又可能引致诱致性技术进步（Hayami and Ruttan，1972）并且推动农业社会化服务发展（Zhang，Yang，and Thomas，2017）。此外，农村劳动力转移带来的收入效应将提升农户投资高风险经济作物的意愿（Stampini and Davis，2008）。

（3）农村人口教育结构与农业生产

关于农村人力资本与农业生产率、农业经济增长之间的关系，现有研究分为三类：

首先，Nelson 和 Phelps（1966），Benhabib 和 Spiegel（1994），Appleton 和 Balihuta（1996），Shahabadi、Kimiaei 和 Afzali（2018），Bashir 等（2018）基于不同国家数据研究发现，受教育程度高的劳动力通过进行技术创新、模仿新生产技术或营造良好的知识氛围对提升农业生产效率具有显著作用。

其次，也有部分研究发现农村劳动力受教育水平提升对农业经济增长并不显著，甚至是负向的（Knight，Villanueva，and Loayza，1992；Islam，1995）。

最后，还有一类观点认为，农村人力资本与农业生产率提升关系不显著（Phillips and Marble，1986），或许是受教育水平高的劳动者将进行非农转移产生的消极影响抵消了对农业生产效率的正向影响，进而导致正反作用并存（Shanmugan and Baria，2019）。

1.3.1.2 关于区域经济韧性的研究

（1）韧性的概念演变

韧性表示某系统或个体在经历了冲击或扰动后能够恢复回弹的能力（Rose，2007；Martin，2012；Reggiani，2013）。从19世纪中叶开始，源于物理学的韧性概念经历了工程韧性、生态韧性和演化韧性三个阶段的演变：

在工程韧性阶段，认为系统具有单一均衡状态，强调系统在经历冲击后能够快速恢复到之前稳定状态的能力（Holling，1973；Pimm，1984；

Simmie and Martin，2010）。

在生态韧性阶段，认为系统具有多重均衡状态，强调系统受冲击影响在脱离当前均衡状态进入另一个均衡状态前所能吸收的最大冲击（Holling，1973；Gunderson and Holling，2002；Walker et al.，2004；Mcglade et al.，2006；Martin，2012）。

在演化韧性阶段，认为系统始终处于非线性的复杂动态变化中，摒弃了对平衡状态的追求，强调系统面对冲击时所表现出来的改变、适应和转型的能力。

由于演化弹性思想更适合系统的动态变化特征，受到较多学者的认同和应用，也更加适用于对经济韧性的分析（Ramlogan and Metcalfe，2006；Boschma and Martin，2007；Martin，2010；Simmie and Martin，2010；Pendall，Foster，and Cowell，2010；Folke et al.，2010；Pike，Dawley，and Tomaney，2010；Davies，2011）。

（2）区域经济韧性的概念演变

当前主流经济学中并没有与"韧性"直接相关的理论，Reggiani、Graaff和Nijkamp（2002）以及Fujita和Thisse（2005）是最早一批将韧性引入空间经济学研究范畴的学者，他们参考生态韧性理论中的多重均衡思路来解释现实经济中各种集聚现象的内在机制，由此经济韧性的研究逐步展开，并在区域经济地理领域中的重要性不断提升。逐渐地众多学者将区域经济韧性界定为：区域经济如何从危机与冲击中有效恢复到均衡态势的能力（Foster，2007；Hill，Wial，and Wolman，2008；Hassink，2010；Hill et al.，2012）。随着对韧性认识的不断加深，区域经济韧性的内涵也在不断发生变化，当前主流普遍认同的是演化韧性思想，即从动态演化的视角定义区域经济系统面对冲击扰动的韧性能力。具体来看：

第一，Simmie和Martin（2010）认为演化韧性思想体现了系统动态变化的过程，并提出了区域经济复原力的首个分析框架，即包含开发、积蓄、释放和重组的四阶段适应性周期模型，从而更加适用于经济韧性的分析。

第二，Martin（2012）依据复杂适应系统理论给出了判断区域经济复原力的分析体系，分别为经济系统应对冲击时的抵抗力、受到冲击后的恢复力、主动应对冲击的再组织力以及实现恢复到冲击前的更新力，从而脱离了参考经济发展阶段来判断韧性强弱的过程。

第三，Cellini和Torrisi（2014）将区域经济韧性定义为在受到外部冲击的条件下，一个地区经济保持原有状态的能力以及经历冲击后恢复到以前水平的程度。

第四，Martin、Sunley和Tyler（2015）将区域经济弹性分为4个连续过程，分别是脆弱性、抵抗力、稳健性和恢复力，该观点不仅注重各类微观经济主体（企业、工人）应对冲击的反应，还关注到冲击的程度、类型与持续时长，主要包括危机抵抗性与适应恢复性两类关键过程。

第五，Martin和Sunley（2015）、Martin等（2016）认为区域经济系统应对衰退冲击的韧性应包含四个方面，分别是抵抗力、恢复力、适应与调整能力以及开启新发展路径的创造与转型能力，该定义作为对经济韧性比较准确和受认可的界定，被众多学者接受并采纳（Nystróm，2017；Doran and Fingleton，2018）。

（3）区域经济韧性的实证测度

区域经济韧性的测度主要分为多维指标衡量和单维指标衡量两种方式。

多维指标衡量法认为区域经济韧性是一个复合型概念，通过构建多指标综合评价体系对区域经济韧性进行衡量，具体来看，学者们采用此法分别评价了区域（Elias and Adriana，2017；Rizzi，Graziano，and Dallara，2018；Pavel et al.，2020；Florin et al.，2020；Pretorius et al.，2021）、城市（Tan et al.，2017；Du et al.，2019；Shutters et al.，2021）、工业部门（Hu and Hassink，2017；Ženka，Slach，and Pavlík，2019；Klimek，Poledna，and Thurner，2019）和农业部门（Michel-Villarreal et al.，2019；Volkov，Žičkienė，and Morkunas，2021；Li，Song，and Huang，2021）的经济韧性。

考虑到多维指标衡量法存在主观性较强、具体指标的选取与权重权威性较差以及进行影响因素分析时容易产生因果混淆等问题，近年来相关文献开始选择单维指标衡量法测度区域经济韧性，即选取一个对区域经济冲击反应敏感的核心变量，包括GDP（Sensier，Bristow，and Healy，2016）、就业人数（Martin，2012；Webber，Healy，and Bristow，2018；Doran and Fingleton，2018；Han and Goetz，2019；Giannakis and Bruggeman，2020）、失业人数（Davies，2011）、贸易量（Van Bergeijk，Brakman，and Van

Marrewijk，2017），但该方法也存在无法体现韧性概念的不同维度（系统性有所不足）且不易分解的弊端。

此外，Simmie和Martin（2010）还采用案例研究法描述了剑桥和斯旺西地区的经济韧性。

（4）关于区域经济韧性的影响因素

第一，产业结构视角。主流观点认为高度专业化的区域经济系统脆弱性更强，当主导产业受到某类特定冲击后，由于缺乏起到“减缓器”作用的其他产业，失业的劳动力无法被吸收，故该地区经济系统的稳健性将受到较大负面影响（Diodato and Weterings，2012）。具体到现实中，美国俄亥俄州的案例证实产业集中度较高地区相比产业多样化地区拥有更低的经济韧性（Brown and Greenbaum，2017）。另外的原因在于高度专业化地区的经济资源主要集中在主导产业，产业体系均围绕此主导产业而形成，导致区域经济系统的结构灵活性较低（Grabher，1993），类似于底特律地区（Hill et al.，2012）。相反，少部分学者认为专业化程度较高的地区因拥有较高的生产能力与效率，抵御经济危机的能力更强（Van Oort，De Geus，and Dogaru，2015；Cuadrado-Roura and Maroto，2016）。

相对而言，产业结构多样化和复杂化则增强了区域经济系统的抵抗性与稳健性。相关研究普遍认为：区域经济活动的多样性能够降低风险集中度，起到“冲击吸收器”的作用，可将外来冲击转移并分散到多个不同的产业或企业中（Pike，Dawley，and Tomaney，2010；Dawley，2014；Boschma，2015），从而防止地区产业结构单一所造成的消极“锁定”，有利于区域经济系统的迅速恢复（Frenken and Boschma，2007；Martin，Sunley，and Tyler，2015；Crescenzi，Luca，and Milio，2016；Tan et al.，2020）。当然具体的分散效果会因产业类型而不同，例如Ray等（2017）基于加拿大1987—2012年区域经济波动数据发现，制造业会放大经济冲击，而商业、服务业会对经济起到减震作用。进一步，Frenken、Van Oort和Verburg（2007）等演化经济地理学家将产业结构多样化划分为相关多样化和非相关多样化，其中相关多样化提高了要素流动的自由性和资源重组潜力，促使产业间产生了较强的经济技术关联，有利于知识的扩散与溢出，从而产生新的增长路径（Evans and Karecha，2014；Boschma，2015）；非相关多样化凭借产业间的知识、劳动者技能、技术等要素的松散关联，一定程度上弱化了相关多样化带来的风险关联性，但能否有利于创造新的增长路径，主要由知识、劳动者技能、技术等要素基础是否多样化来决定（Frenken，Van Oort，and Verburg，2007；Holm and Østergaard，2015）。

第二，科技创新视角。部分区域经济地理学者认为技术创新对地区经济韧性存在积极作用（Simmie and Martin，2010；Glaeser，2014；Tan et al.，2017；Bristow and Healy，2018；Filippetti et al.，2020）；同时，与科技创新密切相关的人力资本要素受到了重点关注，高水平的人力资本存量可以通过刺激创新与技术进步，在区域适应短期经济冲击或中期经济变化过程中发挥出重要作用（Di Caro，2017；Elias and Adriana，2017）。此外，关于科技创新的影响作用也存在相反的观点（Calignano and Siena，2020），如Sunley（2013）提出目前仍缺少证据表明那些被认为具有创新能力的经济体拥有更高的韧性，即无法证明在危机真正来临时具备抵抗与恢复能力，因此技术创新与经济韧性之间关系更像是一种隐含的假设（Bristow and Healy，2014）。

第三，社会资本视角。近年来社会资本对区域经济韧性的影响逐渐进入研究范畴。Adger（2003）认为社会资本是影响区域经济韧性的重要因素，但Hauser、Tappeiner和Walde（2007）提出社会资本积累较多，将增加社会网络内不同行为主体的关联程度，从而形成区域经济系统内的一致性认知，若造成认知型锁定将不利于区域经济韧性提升。

第四，政策制度视角。国家政策和制度环境作为解释区域经济韧性的重要因素得到关注（Martin and Sunley，2010；Boschma，2015；Evenhuis，2017；Li，Zhang，and Li，2019）。具体来看，Hassink（2010）研究发现正是由于中央政府正确的政策指引从而提升了韩国庆南地区作为造船业中心的经济韧性；Whitley（2000）将区域社会经济系统的发展思想划分为3种，即企业主义、联合主义和发展主义，其中按照政府在发展模式中的角色定位，将以上3种思想所决定的经济韧性由高到低排列，最后一种是以宏观经济规划为发展思想，因此该模式容易导致区域锁定并削弱经济韧性；Tan等（2017）发现国家政策对资源型城市的经济韧性有重大影响；Elias和Adriana（2017）以欧洲地区为例，通过研究抵御经济危机的决定因素后发现了制定针对性和差异化区域发展政策的重要性。

第五，文化风俗视角。区域文化有助于为产业结构转型提供智力支持（Brown and Greenbaum，2017），具体看，区域价值观念、企业家精神可以促进多种生产活动的重组与复苏，提升产业竞争力与整体效益（Huggins and Thompson，2015）。

1.3.2 国内研究现状

1.3.2.1 关于农村人口结构变迁的研究

首先，农村人口呈现少子化与老龄化并存的结构发展状态，而少子老龄化是人口年龄结构深度老化的表现形式（赵周华，2018；茆长宝、熊化忠，2019）。进一步，由于人口少子化对人口老龄化产生提升作用，而人口老龄化对人口少子化施加挤压效应，故在农村地区两类结构间形成相互强化的作用机制，并造成恶性循环（穆光宗、茆长宝，2017）。

其次，伴随着城镇化的快速发展，大量农村青壮年人口流向城市，农业从业人口持续减少，剩余主体以妇女、老人等弱势群体为主，从而导致农村“农民荒”和“空心化”现象，严重影响农村经济发展（赵周华，2018；郑殿元等，2019）。现阶段关于农村空心化的研究主要集中在演变发展规律（龙花楼、李裕瑞、刘彦随，2009）、水平测度（杨忍、刘彦随、陈秧分，2012；陈涛、陈池波，2017）、分异特征（陈坤秋、王良健、李宁慧，2018；郑殿元等，2019）、影响因素（王介勇、刘彦随、陈秧分，2013；郑殿元等，2019）、作用机理（王国刚、刘彦随、王介勇，2015；陈坤秋、王良健、李宁慧，2018）和治理模式（刘晶等，2018）等方面。

最后，学者们普遍认识到农村人力资源开发是推动农村经济高质量发展的关键要素，已有研究发现农村人口受教育水平偏低（茆长宝、熊化忠，2019），与全国平均受教育水平的差距逐步拉大（李锋，2020），同时存在地区间发展不均衡的显著特征（刘厚莲、张刚，2021）。具体来看，农村实用人才中，人才规模与结构显著优化、政策支持环境逐渐改善，但现实中供给与发展不匹配、培训与生产相脱节的现象较为突出（黎明辉、张崇旺，2023）；农业科技人才中，总量严重不足、考评制度单一、区域分布失衡是现阶段此类人才队伍建设存在的突出问题（孙月、周旭、刘志斌，2021）。

1.3.2.2 关于农村人口结构对农业生产影响的研究

(1) 农村人口年龄结构与农业生产

当前，学术界就这一问题展开了广泛而深入的研究，但学者们的观点和结论存在明显分歧：一方面，有学者认为农村人口老龄化对农业生产尤其是粮食生产有着消极影响（陈锡文、陈昱阳、张建军，2011；王为、王佳美，2019；王箫旭、李朝柱，2020）；另一方面，有学者认为农村人口老龄化对农业生产尤其是粮食生产有着积极影响（成德宁、杨敏，2015；张冲、王磊，2018）。当然，还有部分学者认为农村人口老龄化对农业生产尚不构成威胁。周宏、王全忠和张倩（2014）研究发现，得益于水稻生产环节上多种社会化服务的支持，农村人口老龄化对全国水稻主产区的生产效率尚没有产生负向影响。林本喜和邓衡山（2012）分析认为由于农业生产越来越依赖机械与物化技术的投入，因此农户主要劳动力的年龄对土地利用效率不存在显著影响。

此外，农村人口老龄化对农业生产的影响因作物品种的不同而存在差异。比如，胡雪枝和钟甫宁（2013）研究发现对于生产环节简单、机械化程度高的小麦生产，人口老龄化并没有对其产生负向影响，而对于生产环节复杂、机械化程度高的棉花生产，老年户在种植面积上明显少于年轻户；魏君英和韩丽艳（2019）研究认为，农村人口老龄化对大部分农作物（水稻、玉米和油料）的种植会产生严重负向影响，仅对小麦种植存在正向影响，可见不利于农作物种植结构的调整。

(2) 农村人口就业结构与农业生产

学术界关于劳动力外流对农业生产的影响进行了大量研究，并形成了两种相反的观点：一种观点认为，农村劳动力外流会导致劳动力供给不足，耕地低效利用甚至弃耕，从而导致农业总产出下降（盖庆恩、朱喜、史清华，2014；卫龙宝、张艳红、高叙文，2017）；另一种观点认为，农村劳动力外流不一定真正制约农业生产，会通过收入回流效应与要素替代效应促使先进农资、技术、服务进入农业领域，有利于农业生产效率的提升（程名望、张帅、潘烜，2013；钟甫宁、陆五一、徐志刚，2016）。

除了上述两种观点外，有研究认为农村劳动力外流对农业生产的影响会因区域、行业而存在差异。程名望、黄甜甜和刘雅娟（2015）基于全国面板数据研究发现农村劳动力外流仅对粮食主销区的粮食产量产生抑制作用，而对全国、粮食主产区和产销平衡区的粮食产量没有显著影响；宦梅丽和侯先云（2021）基于CLDS（2014、2016年）农户数据研究发现，农村劳动力向工业部门转移对粮食生产技术效率会产生负向效应，而向服务业部门转移对粮食生产技术效率会产生正向效应。

（3）农村人口教育结构与农业生产

农村人力资本对农业生产、农村经济的影响引起了国内学者的广泛关注。部分学者认为农村人力资本对农业生产效率具有积极作用。龚立新、杨飞虎和吴良（2012）以江西省农村个案为例研究发现，人力资本投资对经济增长的贡献度较高，并远大于物质生产要素的贡献度；刘晗、王钊和姜松（2016）基于省级面板数据研究发现，人力资本对农业技术效率具有显著的正向影响，同时存在区域异质性；于伟、张鹏和姬志恒（2020）通过构建空间联立方程认为，农村人力资本与农业全要素生产率之间存在空间互促效应，但具有时间异质性。还有部分学者认为农村人力资本不能显著提升农业生产效率，甚至具有负向作用。尹朝静（2017）研究发现农业人力资本与农业全要素生产率之间没有产生显著的促进关系；于伟、张鹏和姬志恒（2020）研究认为，周边区域农村人力资本的提升不利于本地农业全要素生产率的增长。

1.3.2.3 关于区域经济韧性的研究

（1）区域经济韧性的概念界定

在国内，认可度比较高的内涵界定基本上与Martin和Sunley（2015）、Martin等（2016）相近，虽然在具体阐释中存在差异与侧重，但均可以体现出经济系统动态演变的过程。具体来看，孙慧和原伟鹏（2020）基于PSR模型从经济韧性的抵抗恢复压力、适应调节状态、治理转型响应三大维度出发构建了综合评价指标体系。李连刚等（2021）基于Simmie和

Martin（2010）提出的适应性循环模型构建了辽宁老工业基地经济转型分析框架，即从压力抵抗、动力适应和潜力突破出发形成了转型评价指标体系。崔耕瑞（2021）、师慧（2021）基于Martin（2012）研究，将区域经济韧性划分为抵抗力、恢复力、再组织力以及创新力，依次表示风险的承受与抵抗、经济的恢复与稳定、结构调整与要素配置以及技术进步与路径改变。丁建军等（2020），暴向平和张学波（2021），巩灿娟、张晓青和徐成龙（2022）基于Martin和Sunley（2015）、Martin等（2016）研究，同时考虑到抵抗力与恢复力存在较强的关联性，故依据区域经济韧性的内涵特征，将其划分为抵抗与恢复能力、适应与调整能力、创新与转型能力，分别对应表示面对风险时的承受力与稳定性、吸收风险后的调整力与应变力以及风险冲击后的复苏力与增长力。当然，也存在部分学者在研究中侧重上述内涵的某一至两个方面（见表1-1）。

表1-1 **部分区域经济韧性概念梳理**

作者（年份）	概念解释	关注点
林耿、徐昕和杨帆（2020）	受到冲击时能否保持经济平稳而避免崩溃的能力	抵抗力
徐媛媛和王琛（2017）	区域经济面对外部经济危机干扰时所表现出来的适应能力	适应性
李连刚等（2019）	抵抗力和恢复力反映了城市经济系统抵御冲击和恢复发展的经济弹性能力	抵抗力、恢复力
徐圆和张林玲（2019）	经济韧性是指遭受外部冲击时自身适应性调整的能力，具体指一个国家或地区冲击后能够顺应变化，重新进行配置资源、调整产业结构的能力	抵抗力、恢复调整力

续表

作者（年份）	概念解释	关注点
管昌玲和张继彤（2021）	区域经济系统对抗外来冲击的防御力以及冲击后恢复发展状态或转变发展方式的能力	抵抗力、恢复力
王琛和郭一琼（2018）	地方产业（地级市电子信息业）面对外部经济危机冲击时所表现出来的抵御能力和适应能力	抵御力、适应力
周侃、刘宝印和樊杰（2019）	灾后经济韧性界定为灾区经济系统承受、化解地震灾害冲击的能力，包含静态与动态两个维度：前者指地震灾害中经济系统维持原有状态与功能的能力；后者指地震冲击后经济系统的恢复力和再组织力	抵抗力、恢复力
张振和赵儒煜（2021）	区域经济系统抵御外来冲击以维持与优化原有经济运行模式的能力	抵抗力、重构力

（2）区域经济韧性的实证测度

目前，学术界关于区域经济韧性的测算方法主要分为两类：

第一类为一篮子指标体系法，即通过构建多维度综合指标体系对区域经济韧性进行评价（陈奕玮、丁关良，2020；张明斗、李维露，2020；张翀、焦伟伟，2021；暴向平、张学波，2021；李连刚等，2021；崔耕瑞，2021；巩灿娟、张晓青、徐成龙，2022）。进一步地，以上文献确定指标权重的方法可分为两类：一类是主观赋权法，包括德尔菲法（专家打分法）、层次分析法；另一类是客观赋权法，包括主成分分析法、变异系数法、等权重法、熵值法、熵权-Topsis等。由于客观赋权法可有效避免人为因素干扰，且熵值法会以数据本身特征进行赋权，对于使用数据无过多特殊要求，从而规避了主观赋值带来的缺陷，因此，该方法的使用较为广泛（张跃胜、邓帅艳、张寅雪，2022）。

第二类为核心变量法，即选取一个对区域经济冲击反应程度较为敏感的核心变量。具体分为两类：一类是通过地区和全国（预期）的生产总值（就业人数）在同一经济波动周期（收缩期或扩张期）变化量（率）的比值来测算（王琛、郭一琼，2018；李连刚等，2019；杜志威、金利霞、刘秋华，2019；徐圆、邓胡艳，2020；冯苑、聂长飞、张东，2020；张明斗、吴庆帮、李维露，2021；张振、李志刚、胡璇，2021；王鹏、钟誉华、颜悦，2022；苏任刚、赵湘莲，2022）；另一类是通过各地区历年与基年（前一年）地区生产总值增长率的差值来测算（丁建军等，2020；陈奕玮、吴维库，2020；赵春燕、王世平，2021）。

（3）区域经济韧性的影响因素

第一，产业结构视角。首先，在产业结构变迁方面，张明斗、吴庆帮和李维露（2021）基于全国地级市数据研究发现，产业结构变迁是促进城市经济韧性提升的重要因素，处于不同发展时期下的产业结构合理化与高级化对城市经济韧性的影响存在显著差异性。

其次，在产业结构多样化方面，杜志威、金利霞和刘秋华（2019）基于珠三角地区城市数据，徐圆和张林玲（2019）基于全国范围城市数据，以及张振、赵儒煜和杨守云（2020）基于东北地区城市数据研究发现，产业结构多样化对提升城市经济韧性具有显著促进作用，但空间效应显示会降低邻近城市的经济韧性。进一步分类别来看，林耿、徐昕和杨帆（2020）基于佛山市专业镇截面数据研究发现，非相关多样化通过培育新的产业结构，补充受冲击影响而流失的劳动力，有利于提升地区经济韧性，相关多样化则相反。王鹏、钟誉华和颜悦（2022）基于珠三角地区城市数据研究发现，相关多样化通过抑制科技创新研发阶段效率间接削弱地区经济韧性，无关多样化则与之相反。同样，杜志威、金利霞和刘秋华（2019）基于珠三角地区城市数据研究，认为非相关多样化通过分散外部冲击有利于提升地区经济韧性，相关多样化因容易导致冲击在关联部门间扩散而抑制地区经济韧性。徐媛媛和王琛（2017）以苏浙两省各市县为考察单元研究发现，非相关多样化与消除危机的能力成正比，相反相关多样化与区域经济弹性无显著关系。相反，彭荣熙、刘涛和曹广忠（2021）基于东部沿海城市数据研究表明相关多样化有助于城市长期经济韧性的提升，而非相关多样化没有明显影响。此外，郭将和许泽庆（2019）基于省际面板数据研究发现相关多样化对区域经济韧性影响存在基于创新水平的门槛效应，当创新水平由低变高时，影响关系则由负转正。

再次，在产业结构专业化方面，张振、赵儒煜和杨守云（2020）基于东北地区城市数据研究发现，产业结构专业化有利于显著提升城市经济韧性，同时具有正向空间溢出效应；林耿、徐昕和杨帆（2020）基于佛山市30个专业镇截面数据研究发现，低水平劳动密集型产业为主的专业化提升容易导致经济系统趋于脆弱，故无益于地区经济韧性的提升。

最后，在产业结构集聚方面，陈奕玮和吴维库（2020）基于全国城市面板数据研究发现产业集聚将会显著提升城市经济韧性，同时会因城市的人口规模与地理区位不同而存在异质性；张振、李志刚和胡璇（2021）基于重点城市群数据研究发现专业化、多样化产业集聚水平的提升对城市经济韧性具有显著促进作用，同时存在空间溢出效应和区域异质性；赵春燕和王世平（2021）基于全国城市面板数据研究发现专业化、多样化的经济集聚促进了城市经济韧性的提升，其中专业化集聚并不显著，同时影响程度会因城市的人口规模与地理区位不同而存在差异。

第二，技术创新视角。徐媛媛和王琛（2017），杜志威、金利霞和刘秋华（2019），王鹏、钟誉华和颜悦（2022）研究发现地区科技创新水平可通过促进产业转型与升级，从而提升区域经济系统面对金融危机冲击时的适应能力。进一步，徐圆和邓胡艳（2020）研究发现在全球金融危机发生时，创新能力越强的城市，不仅在短时期抵御外部冲击的能力越强，还将在“后危机”时代发展中表现出更强的恢复力。

第三，财政资本视角。徐媛媛和王琛（2017）以苏浙两省各市县为基本研究单元，通过建立二元Logistic回归模型研究发现地方财政支出水平负向影响区域经济韧性。相反，丁建军等（2020）基于连片特困区数据研究发现财政自给水平对连片特困区经济韧性存在显著的正向影响。张翀和焦伟伟（2021）基于地级市面板数据发现风险投资能够显著促进城市经济韧性的提升，同时存在显著的空间溢出效应与区域异质性。

第四，政策与制度视角。孙久文和孙翔宇（2017）研究认为政府宏观干预越少、制度限制环境越松，越有利于提高产业结构多样性、培育新的增长路径，从而提升区域经济韧性。丁建军等（2020）基于连片特困区数据研究发现，扶贫政策对连片特困区经济韧性存在显著的正向影响，并且连片特困区经济韧性的高低与对扶贫政策的依赖程度成反比。

第五，社会资本视角。孙久文和孙翔宇（2017）研究认为社会资本可以促进个体思维与想法的多样化，避免形成区域内群体的认知型锁定，从而提升区域经济韧性。进一步，叶堂林、李国梁和梁新若（2021）基于东部三大城市群数据研究发现，相比于基于空间邻近性形成的社会资本，作为社会资本演进的高级形态，行业协会商会等类型的社会资本是提升区域经济韧性的关键因素。

第六，收入消费视角。耿蕊（2019）基于京津冀城市面板数据研究发现，地区收入差距与城乡收入差距的增大对地区经济韧性存在显著的负向影响。佟明亮（2021）基于省级面板数据研究发现区域经济韧性具有一定的持续性，城镇与农村居民消费结构的升级均能显著增强经济韧性。暴向平和张学波（2021）基于内蒙古12个盟市的截面数据研究发现人均社会消费品零售总额是影响区域经济韧性整体水平的主导因素。

1.3.2.4 关于涉农（经济）韧性的研究

(1) 涉农（经济）韧性的评价体系

当前学界关于涉农（经济）韧性指标体系的构建，尚未形成统一的标准，综合已有文献，具体可分为三类：

第一类是基于Martin和Sunley（2015）、Martin等（2016）为代表的区域经济韧性概念进行构建。其中，齐昕、张景帅和徐维祥（2019）从抵御风险、自我适应、创新转型维度，段进军和玄泽源（2021）从抵抗力、稳定力、发展力的维度，构建了县域经济韧性评价体系；李玉恒、阎佳玉和刘彦随（2019）从抵抗能力、适应能力、转型能力的维度构建了乡村弹性构成体系；张明斗和惠利伟（2022）从抵抗力、重构力的维度构建了农业经济韧性评价体系。

第二类是结合“压力-状态-响应”模型（PSR）原理，基于韧性发生学视角对涉农（经济）韧性进行评价（李玉恒、黄惠倩、宋传垚，2021；李玉恒、黄惠倩、王晟业，2021；蒋辉，2022；李久林等，2022）。

第三类是基于农村（经济）系统的组成要素，从生产、生态、生活多个维度选择指标进行构建（于伟、张鹏，2019；朱华友等，2021；霍松涛，2023）。

（2）涉农（经济）韧性的实证测度

现有文献在实证测度过程中均采用了一篮子指标体系法，但在指标权重确定环节，具体分为两种方法：一类是以变异系数法为代表的主观赋值法，如王婷婷（2019）通过专家打分法和层次分析法（AHP）对案例村发展韧性进行了定量评价。另一类是以熵值法为代表的客观赋值法，如于伟和张鹏（2019）、张明斗和惠利伟（2022）、蒋辉（2022）对分省域农业（经济）韧性进行了评价；陈鹏伟等（2022）、霍松涛（2023）对分省域农村经济韧性进行了评价；齐昕、张景帅和徐维祥（2019），段进军和玄泽源（2021），朱华友等（2021）分别对浙江省和江苏省县域（经济）韧性进行了评价；李久林等（2022）对安徽省市域农业经济韧性进行了评价；李玉恒、黄惠倩和宋传垚（2021），李玉恒、黄惠倩和王晟业（2021），刘美豆（2021）对选取的案例县（市）乡镇（经济）韧性进行了评价。

（3）涉农（经济）韧性的影响因素

齐昕、张景帅和徐维祥（2019）研究发现环境质量、信息化水平、两山差距（“经济山”-“生态山”）、企业创新影响涉农经济韧性。同时，李玉恒、黄惠倩和王晟业（2021）研究认为集体经济收入、家庭人均收入、固定资产投入、人口数量与质量是制约县域经济韧性发展的主要短板因素。朱华友等（2021）、刘美豆（2021）研究发现经济资本水平、人口数量与密度是影响县域韧性发展水平的重要因素。于伟和张鹏（2019）研究发现农村教育有利于提升农业发展韧性，产业结构升级不利于提升农业发展韧性，分维度看，耕地面积对农业生产、生态韧性存在积极影响，财政支农仅对农业经济韧性存在积极影响，城市化进程仅对农业生产韧性存在积极影响。张明斗和惠利伟（2022）研究认为政府支持、基础设施、市场规模、环境规制对农业经济韧性的影响程度较强，而经济规模与科技投入对农业经济韧性的影响程度相对较弱。李久林等（2022）研究发现基础设施建设和科技创新能力是制约安徽省农业经济韧性空间差异的重要因素。陈鹏伟等（2022）研究发现收入消费因子是促进农村经济韧性提升的首要动力，虽然生产因子、生活和生产保障因子对提升农村经济韧性的贡献度偏低，但作用依然重要。

1.3.3 国内外文献评述

通过对上述文献的梳理可以发现，国内外学者分别对人口结构变迁和区域经济韧性展开了广泛的系统性研究，得出了重要结论。但本书认为现有文献的研究分析仍然存在以下三点不足，具体而言：

第一，国内外文献关于经济韧性的探讨已成为当前的研究热点，研究范围主要集中在全国、地区与城市群层面，研究焦点主要集中于概念界定、体系构建、实证测度与影响因素，较少关注对涉农（农业、农村、县域）经济韧性尤其缺乏对农村经济韧性理论体系的完整性构建和运行机制的深入性探讨。

第二，国内外文献关于涉农（农业、农村、县域）经济韧性的研究缺少系统性理论框架与体系的探讨，当前学界对农村经济韧性进行实证评价时缺乏科学、系统的综合评价指标体系，因此应在评价指标的选取方面进行科学性优化。

第三，国内外文献主要关注农村人口结构对农业（粮食）生产领域、农村经济增长等的影响，同时已经关注到农村人口数量、质量（教育）、密度等因素是解析农村经济韧性提升的可能路径，但将农村人口年龄、就业、教育三大结构纳入同一个分析框架研究对农村经济韧性的影响效应仍然缺乏，更缺少农村人口结构对农村经济韧性影响的作用机制和实证检验的深入探析。

深入探究以上一系列问题，既可以促进我国农村经济系统的高质量发展，还可以提升拓展我国农村经济韧性新的内在动力和研究视角，对于构建更具强大韧性的农村经济系统具有极强的现实意义。

1.4 研究内容与方法

1.4.1 研究主要内容

本书从农村经济系统的基础性要素以及增强农村经济韧性的基础性条件——人口结构视角出发，深入剖析农村人口年龄、就业与教育结构变迁对农村经济韧性影响的内在作用机制并进行实证检验，并从人口结构视角提出增强农村经济韧性的政策建议。本书共分为5部分，各部分研究内容如下：

第1部分为提出问题与理论基础。主要包括：第1章“绪论”，阐释研究背景、目的与意义，梳理国内外研究动态，介绍研究内容、研究方法和技术路线，同时指出创新点。第2章“相关概念界定与理论基础”，在对农村人口结构、农村人口结构变迁和农村经济韧性的内涵进行界定基础上，梳理了人口转变、人口迁移、人力资本、区域经济韧性与路径依赖等理论观点，作为本书的理论基础。

第2部分为人口结构变迁对农村经济韧性影响的理论分析，即第3章。一方面，对农村经济韧性的理论进行系统分析，包括构成要素、内外部冲击识别、应对内外部冲击的运行机制以及自身的强化路径，形成农村经济韧性的理论体系；另一方面，分别从农村人口年龄结构、就业结构、教育结构出发构建对于农村经济韧性影响的理论分析框架，从理论层面探讨农村三大人口结构对农村经济韧性的影响机制。

第3部分为中国农村人口结构与农村经济韧性的发展趋势分析。一方面对中国农村人口年龄结构、就业结构和教育结构的时间趋势特征和空间分布特征进行分析，另一方面系统地构建出基于“抵抗力-适应力-重构力”的农村经济韧性综合评价指标体系，运用熵值法和多指标综合评价模型对中国农村经济韧性及子维度水平进行实证测度，并对其时间演变特征进行分析。第3部分包括第4章“中国农村人口结构的变迁趋势分析”和第5章“中国农村经济韧性的实证评价与演变特征”。

第4部分为人口结构变迁对农村经济韧性影响的实证分析，即第6章。本部分运用多种计量经济学方法，实证检验并分析农村人口结构变迁对农村经济韧性影响的总体效应、异质性效应和作用路径。

第5部分为结论与政策建议，即第7章与第8章。本部分归纳总结全书的研究结论，从人口结构视角提出了增强农村经济韧性的若干政策建议。

1.4.2 研究方法

基于以上研究目标与研究内容，本书采用的研究方法可归纳为以下四大类：

1.4.2.1 文献研究法

在对国内外学者关于人口结构变迁和区域经济韧性的理论研究成果进行广泛的收集、整理、阅读与分析基础上，结合对人口转变理论、人口迁移理论、人力资本理论、区域经济韧性理论和路径依赖理论的相关论著进行研究，为本书后续开展深入研究提供了坚实的理论基础。

1.4.2.2 规范分析法

本书基于前述理论基础，对于农村经济韧性的构成要素、内外部冲击因素识别、应对内外部冲击的运行机理以及自身的强化路径进行了深入分析，系统形成了农村经济韧性的理论体系；进一步，从农村人口年龄结构、就业结构、教育结构三大维度出发构建了对于农村经济韧性影响的理论分析框架，并从理论层面分别探讨了上述三大农村人口结构对农村经济韧性的影响机制。此外，从农村经济韧性的概念界定、演化阶段和构成要素出发，系统构建出基于“抵抗力-适应力-重构力”的农村经济韧性综合评价指标体系，同时明确了评价标准的具体指标。

1.4.2.3 数理统计法

本书基于2001—2020年中国31个省（自治区、直辖市）的农村地区面板数据，一方面，深入分析中国农村人口年龄、就业与教育结构的时间演变趋势和空间分布特征；另一方面，运用熵值法和多指标综合评价模型对中国农村经济韧性水平进行实证测度，进一步深入分析中国农村经济韧性总体及各子维度的时间趋势演变特征。

1.4.2.4 计量分析法

本书在计量分析时，基于2001—2020年中国31个省级行政区划的农村地区面板数据，在对所有变量数据进行平稳性检验与协整检验的基础上，先后采用普通最小二乘模型（POLS）、双向固定效应模型（FE）、二阶段最小二乘的工具变量法（Ⅳ-2SLS）、固定效应最小二乘虚拟变量法（LSDV）、基于工具变量的广义矩估计法（SYS-GMM）等多种计量经济学方法，分别构建出基准回归模型、动态效应模型和中介效应模型，实证检验农村人口三大结构变迁对农村经济韧性影响的总体效应、异质性效应和作用路径。

1.5 研究的创新点

本书的创新点主要体现在以下三个方面：

1.5.1 研究视角的创新

农村人口作为农村经济韧性的基础性要素，不仅是农村经济系统抵御内外界冲击并恢复自身结构和功能的实践主体，还是农村经济系统整合内部资源以适应环境变化从而开启新的发展路径的保障力量。基于现有研究，本书增加了人口结构变迁赋能农村经济韧性锻造这一新的研究视角，分别深入剖析农村人口年龄、就业与教育结构变迁对农村经济韧性影响的内在作用机制并进行实证检验，以期从人口结构视角提出锻造农村经济韧性的政策建议。

1.5.2 理论研究的深入

本书在系统梳理并立足区域经济韧性研究成果与相关理论的基础上，将其引入农村经济领域，一方面，系统完善了农村经济韧性的理论体系，包含农村经济韧性的构成要素、内外部冲击识别、应对内外部冲击的运行机制以及自身的强化路径；另一方面，从农村人口年龄结构、就业结构、教育结构维度出发构建了对农村经济韧性影响的理论分析框架，并从理论层面分别探讨了上述三大农村人口结构对农村经济韧性的影响机制。

1.5.3 研究内容的扩展

本书从农村经济韧性的概念内涵、演化阶段以及构成要素出发，系统构建出基于“抵抗力-适应力-重构力”的农村经济韧性综合评价指标体系，在对中国农村经济韧性水平量化以及总体和子维度时间趋势演变特征的基础上，进一步采用计量分析法实证检验了农村人口年龄结构、就业结构和教育结构变迁对农村经济韧性的影响机制，为探寻基于人口结构视角提升农村经济韧性的路径提供了现实依据。

第2章　相关概念界定与理论基础

2.1　相关概念界定

2.1.1　农村人口结构

借鉴美国学者贝赖恩·贝利的观点，人口是指生活在一定的社会生产方式下，在一定时间、一定地域内，由一定的社会关系联系起来的，由一定数量和质量的有生命的个人所组成的不断运动的社会群体。人口对劳动力供给的影响除了表现在总规模外，更主要是表现在人口结构上（李仲生，2013）。

人口结构（population structure）也称人口构成，是指某一国家或地区在一定时期内人口的构成情况，反映诸如年龄、性别、阶级、婚姻、就业、教育程度等人口特征的分布情况和关系状况（佟新，2010）。人口结构的状况是否合理，不仅关系到人口再生产是否能够顺利进行，还对本地区经济的健康持续增长具有极其重要的影响（孔晓妮，2016）。

现阶段，农村人口的界定标准不一，本书是以常住地为标准。农村人口结构所涵盖的内容非常丰富，按照农村人口的本质特征进行划分，包括农村人口自然结构、农村人口经济结构和农村人口社会结构三大属性（刘清芝，2007）。具体来看：

农村人口自然结构是根据人口的生理属性来划分的，它反映农村人口的自然属性，是农村最为基本的人口结构（Renaud，1981），主要包括农村人口的年龄结构和性别结构。农村人口自然结构不仅对农村人口再生产的速度、规模与质量具有基础性的影响，还对农村经济系统抵御内外界冲击并维持自身结构和功能具有极其重要的作用。

农村人口经济结构是根据人口的经济属性来划分和组合的农村人口结构比例关系，是人口结构与经济发展有机结合并交互作用的产物（李国仓，2007），主要包括农村人口的产业结构、就业结构、收入分配结构和消费结构等。农村人口经济结构不仅在一定程度上决定了农村人口的自然增长率，同时其是否合理将直接影响农村经济系统重新进行资源配置以适应内外部环境变化的能力。

农村人口社会结构是根据人口的社会属性来划分和组合的农村人口结构比例关系，主要包括农村人口的家庭结构、民族结构和教育结构等（刘清芝，2007）。农村人口社会结构不仅是农村经济社会发展的结果，同时还会对农村经济系统开启新的发展路径产生重要的推动作用。

2.1.2 农村人口结构变迁

人口结构作为一个历史范畴，会随着时间的推移而不断发生变化，具有显著的动态性。长期以来，伴随着改革开放和经济社会的快速发展，农村人口生育水平、年龄分布、平均素质与流动趋势发生了明显变化。考虑到农村人口少子化与老龄化快速发展、人口红利不断减少且空心化趋势明显、人口受教育年限较低且人才总量匮乏是当前中国农村人口结构“新常态”的主要特征且此趋势较长时间内不可逆转（赵周华，2018；茆长宝、熊化忠，2019），因此本书在农村人口结构变迁变量的选取方面分别采用农村人口年龄结构变迁表征农村人口自然结构变迁，农村人口就业结构变迁表征农村人口经济结构变迁，农村人口教育结构变迁表征农村人口社会结构变迁。具体来看：

农村人口年龄结构变迁是指农村人口的年龄分布状态，具体是按年龄区间（0~14岁、15~64岁、65岁及以上）划分的农村人口在农村总人口中所占比率的变动情况（金昊、赵青霞，2019；郭华等，2021）。根据以上各年龄阶段人口占总人口的比重，通常分为三种：年轻型人口、成年型人口和老年型人口，其划分指标主要有老年人口系数、少年儿童人口系数和老年人口抚养比等（刘清芝，2007；刘鉴等，2020）。

农村人口就业结构变迁是指农村经济活动人口分布与国民经济各个部门从事各种经济活动所构成的比例关系的变动情况，即农村劳动人口在农业和第二、三产业从业的分布情况（刘清芝，2007；魏君英、韩丽艳，2019；徐清华、张广胜，2020；郭华等，2021）。

农村人口教育结构变迁是指农村不同受教育程度（文盲、小学、初中、高中、大专及以上）的人力资本存量在农村总人力资本存量中所占比重的变动情况，学者们普遍采用农村人口的平均受教育年限来衡量农村教育水平与人力资本积累水平，人均受教育年限越长表明受教育程度较高的人口所占比重越大（张永丽、金虎玲，2013；魏君英、韩丽艳，2019）。

2.1.3 农村经济韧性

韧性（resilience）一词起源于拉丁文“resilire”，表示系统或个体经历冲击或扰动后能够恢复回弹的能力（Rose，2007；Martin，2012；Reggiani，2013）。该词被译为中文时，多数被译作“弹性”，弹性意味着对干扰和压力的承受与反弹能力，较适合社会学与生态学，而且容易与经济学科中的“弹性”相混淆。由于resilire具有机动性、适应性和转型特征（曾冰、张艳，2018），译为韧性更能体现其本质与汉语语境，因此本书将其译为“韧性”。

19世纪50年代，韧性最早应用在物理学科，而后霍林（Holling）和皮姆（Pimm）分别在1973年和1984年提出了工程韧性（engineering resilience），即是指材料在受到压力变形后恢复其大小和形状的能力。由工程韧性引申出的韧性是指系统从冲击扰动影响中恢复到冲击前原状态的能力（Holling，1973；Walker et al.，2004；Simmie and Martin，2010；

Martin and Sunley，2015）。工程韧性假定系统具有单一的均衡稳态，其强调在破坏性外力作用前后，系统的结构和功能不会发生本质性变化。对于区域经济系统而言，经济系统的结构与功能会随着时间而改变即不可能处于均衡状态（Martin，2012），因此工程韧性的僵化单一性不能与经济系统的复杂作用机制相适应，可见工程韧性定义存在局限性。

之后霍林（Holling）在1996年提出韧性应当包含系统在改变自身结构与功能从而进入另一个状态前所能够吸收的最大扰动量级（Walker et al.，2004；Mcglade et al.，2006；Fingleton，Garretesn，and Martin，2012；Reggiani，2013），强调系统具有多重均衡状态，这一修正概念与生态系统的运行规律相适应，被定义为生态韧性（ecological resilience）。该韧性概念隐含的假设是当系统遭受的冲击超过其自身的最大承受能力时，系统将进入另一个均衡稳定状态，进而形成“有偏复原”。生态韧性虽然认同系统可以存在多个而非之前提出的唯一均衡状态，同时多重均衡状态并不随时间而变动，但区域经济系统会随着其中的单个主体的学习与创新行为而不断演化发展。

考虑到区域经济系统的非均衡演化特性，组织结构和系统功能会随着时间而不断发生变化，演化韧性（evolutionary resilience）逐渐被选择用来分析区域经济韧性。演化韧性同时被称为适应性韧性，是指通过不断调整自身的经济、社会、政治结构来适应频繁发生的外部压力、困境和干扰，最终形成长期向好发展的自适应、学习、自组织和对干扰的抵抗能力（Folke et al.，2010），可见其关注的是系统的动态过程，而不仅仅是恢复到稳定的均衡状态（Simmie and Martin，2010）。演化韧性正是因强调系统的动态非均衡演化特征（Pendall，Foster，and Cowell，2010），注重系统主动调整与适应的能力而得到普遍认可，并被引入区域经济学领域。

随着对区域经济韧性研究的不断深入，区域经济韧性的内涵也在不断发生着变化，同时由于研究视角的不同，目前对区域经济韧性的定义仍然存在争议。考虑到区域经济系统本身作为错综复杂的自适应系统，具有非均衡性和动态演化性的内涵特征，因此采用适应性循环视角来定义区域经济系统面对冲击扰动的韧性能力，将可以有效分析在受到内外部压力、困境与干扰后的区域经济系统自身的演化与转型趋势。具体来看，基于演化论的视角，参考国内外权威经典文献的相关定义（Martin，

2012；Martin and Sunley，2015；Martin et al.，2016），本书将农村经济韧性的概念界定为：农村经济系统面对内外部冲击扰动时的抵抗复原并调整结构与功能适应环境变化从而开启新发展路径的能力，主要包括抵抗力、恢复力、适应力和重构力四个维度，同时考虑到抵抗力与恢复力之间存在较高的关联，在数据层面难以清晰区分的情况（孙久文、孙翔宇，2017；丁建军等，2020；暴向平、张学波，2021），最终界定为3个维度：抵抗力（resistance）、适应力（adaptability）和重构力（reconfigurability）。具体来看：抵抗力是指农村经济系统抵御内外界冲击并恢复自身结构和功能的能力；适应力是指农村经济系统在应对内外部冲击的过程中重新整合内部资源从而调整自身结构和功能以适应新环境的能力；重构力是指农村经济系统在不断学习和创新的驱动下开启新的发展路径进而重新实现经济稳定增长的能力。

2.2 相关理论基础

2.2.1 人口转变理论

经济持续发展过程中人口转变学说生成于西欧国家20世纪初期特定的人口经济发展背景，这个时期，英国、法国和德国等西欧国家的工业化、城市化发展较快，在经济发展的过程中，人口发展状态也随之发生改变，从“高出生率、高死亡率、低自然增长率”模式转向“低出生率、低死亡率、低自然增长率”模式，这种变迁过程被人口经济学家概括为人口转变理论。其中，较有代表性的是兰德里（Landry）和诺特斯坦（Notestein）的三阶段模式、金德尔伯格（Kingleberger）和赫里克（Herrick）的四阶段模式以及布莱克（Blacker）的五阶段人口转变模型，以上理论均以西方国家人口统计资料作为归纳总结的依据，为研究中国人口转变规律及经济效应奠定了基础。

早在1909年，法国著名的人口学家兰德里在《人口的三种主要理论》中提出了人口转变思想，将人口增长划分为原始、中期和现代三个阶段，并在1934年《人口革命》一书中，系统阐释了人口转变的三阶段理论。第一阶段，由于生产力水平很低、生活资料不充足，高出生率与高死亡率并存，但自然增长率处于较低水平；第二阶段，随着社会生产水平的提升，生产方式和消费方式发生改变，人们为了维持较高的生活水平而选择晚婚晚育，甚至不结婚，有效降低了生育率，并影响了人口增长；第三阶段，生产力水平空前提升，生活质量大幅度提高，人们逐渐理性地限制家庭人口规模，人口再生产进入低出生率、低死亡率的状态。

与此同时，美国社会学家、人口学家汤姆森于1929年在其著作《人口》中，尝试将西欧人口转变的经验模式适用于全世界，按照死亡率与出生率发展水平，将世界各国人口划分为三类地区，同时也体现了人口发展的三个阶段：第一类是高出生率、高死亡率的国家或地区，主要包括亚洲、非洲和南美洲的发展中国家；第二类是出生率和死亡率均处于下降阶段，但后者的下降要快于前者的国家或地区，主要包括意大利、西班牙和中欧各国；第三类是出生率和死亡率均处于下降阶段，但前者的下降要快于后者且人口增长率稳定在低水平的西欧发达国家。

后来，美国人口经济学家诺特斯坦，于1945年发表的《人口——长远观点》一文中，在汤姆森的研究成果上首次归纳提出了三阶段人口转变模型，具体来看：第一阶段是处于转变前期的具有高增长潜力的人口，其特征是人口的出生率与死亡率均较高，但因人口死亡率水平更高且存在较大波动特征，导致死亡率成为制约人口增长的主要因素；第二阶段是处于转变过程中的人口，随着工业化、城市化、现代化的发展，医疗卫生条件的改善，促使死亡率大幅下降并带动出生率降低，从而人口自然增长率得以保持较高的增长水平；第三阶段是处于早期下降的人口，其特征是人口出生率已经下降到甚至低于人口更替水平，死亡率也下降至较低水平，与出生率的减退趋势相比死亡率较为稳定，故人口自然增长率增长迟缓。

在系统论述了人口发展理论后，许多人口学家和经济学家根据西欧发达国家人口发展的历史经验和资料，对经济发展过程中人口增长类型的转变做了阶段性划分与描述，比如在金德尔伯格与赫里克在《经济发展》一书中，同样将与经济发展密切相关的人口转变过程划分为四个阶段，提出了四阶段人口转变模型；布莱克将人口发展过程划分为五个阶段，即高位静止阶段、初期扩张阶段、后期扩张阶段、低位静止阶段和减退阶段，这些理论的基本观点都大同小异，均认为人口发展过程与经济发展过程有着密切联系。从人口再生产类型转变来看，人口出生率与死亡率伴随着生产力的发展和生育观念的改变，实现了出生率和死亡率由高位均衡经过变动逐渐向非均衡靠拢再到低位均衡的长期转变过程，虽然这种理论模型未能完全揭示人口发展变化与生产方式的内在联系，但人口转变论的基本观点对现阶段研究中国农村人口年龄结构变迁具有一定的理论借鉴意义。

2.2.2 人口迁移理论

所谓“移民规律”或“人口迁移法则”，就是研究者对于在为数众多的人口迁移运动中所显示出的规律性现象、趋势与问题的总结，是人口研究以及人口迁移理论研究中的重要组成部分。学术界公认的最早系统性研究人口迁移问题的是英国著名人口学家莱温斯坦（E. G. Ravenstein），其根据1881年英国人口普查资料，分别于1885年与1889年在《皇家统计学会会刊》上发表两篇代表性作品《人口迁移规律》，文章所提到的人口迁移七条法则（即拉氏理论）。

20世纪60年代中期，美国学者唐纳德·博格（D. J. Bogue）在人口迁移法则的基础上提出了系统的劳动力迁移理论：“推-拉”理论。该理论主要是运用运动学的原理来分析人口迁移问题，即现实中存在正反两方面的作用力，一种是迁入地具有吸引人口迁入的“拉力”，另一种是迁出地具有促使人口迁出的“推力”，两股力量前拉后推决定了人口的流动方向，而且这种“推力”与“拉力”的大小是由迁出地和迁入地之间的经济发展水平差距所决定的。

以上对人口迁移理论的研究多立足于丰富的实证资料与移民客观事实来进行人口迁徙运动规律的发现与总结，接下来的研究则从经济学背景出发，将人口迁移作为一种经济行为，并随之构建出多种理论分析模型，其中以刘易斯（Lewis）模型、费景汉-拉尼斯（Fei and Ranis）模型和托达罗（Todaro）模型最负盛名。

20世纪50年代中期，美国经济学家刘易斯发表了《无限劳动供给下的经济发展》一文，提出了著名的“二元结构模型”。刘易斯认为，广大的发展中国家存在由传统自给自足的农业部门和现代的工业部门所组成的二元经济结构，由于人口过剩的农业部门和具有较高劳动生产率的工业部门在经济结构与收入上存在明显差异，农业部门中仅能维持生存的剩余劳动力会源源不断地流向工业部门，被城市的现代工业部门所吸收。上述转换过程存在以下三个前提条件：第一，农村劳动力无限供给，城市实现了充分就业；第二，在农村剩余劳动力被完全吸收之前，城市工业部门的实际工资保持不变；第三，现代工业部门的劳动转移率和就业创造率与现代部门的资本成正比例关系。但是，这三大假设与发展中国家的现实在很大程度上并不相吻合。

费景汉与拉尼斯的突出贡献是改进了刘易斯模型。首先，从动态角度研究了农业与工业均衡增长的二元结构理论，提出了剩余劳动力向外转移的先决条件，指出农业部门的技术进步是解决粮食短缺的根本途径，农业部门和工业部门之间的平衡发展是成功实现结构转变的关键之一，从而发展了刘易斯“劳动力的无限供给”理论。其次，系统研究了技术进步类型对工业部门就业增长的影响。可见，该模型大致符合西方经济增长的历史经验，基本反映了发展中国家经济发展过程中城乡对立统一运动的某些客观规律，对发展中国家具有重要的指导意义。

托达罗根据发展中国家的经济现实，在对刘易斯模型批判的基础上，于1969年提出了三部门的城乡人口迁移模型，即一国经济由“农业部门”“城市中的传统部门”“工业部门”（城市中的现代部门）所组成。首先，三部门城乡劳动力流动中没有明确给出城市劳动力工资保持不变的假定，这更加接近于发展中国家的现实。其次，该模型正确地反映了人口和劳动力在比较经济利益的驱使下向着较高收入的地区或部门流动的理性经济行为，认为对迁移成本的计算与预期是影响劳动力作出迁移决策与否的主要诱因。最后，在二元经济结构的转化中，该模型没有将农业部门完全视为被动部门，而是注重了农村经济的发展。该模型（理论）被研究发展中国家城乡人口迁移的广大经济学者普遍接受，并经受了不少发展中国家实际人口迁移资料的验证。

人口迁移理论是研究人口流动和人口城市化的重要理论基础，对于研究农村人口就业结构的变迁趋势与区域差异，以及由此反映的城乡人口结构变迁的规律性具有重要的参考价值。

2.2.3 人力资本理论

对人的经济价值的研究与分析可以追溯到17世纪经济学形成之初。一般认为，人力资本的萌芽起源于英国著名的经济学家威廉·配第（William Petty），其在代表作《政治算术》中根据劳动价值论，提出了“土地是财富之母，劳动是财富之父”的著名命题，并充分肯定了人的经济价值，他认为欧洲国家间经济实力差距的一个重要原因就在于劳动力素质的高低。之后，“古典经济学之父”亚当·斯密（Adam Smith）在其著作《国富论》中首次提出劳动者才能同样是生产手段的观点，将投资于人身上的才能与教育上的费用看作资本，并第一次论证了人力资本投资对人们收入与工资结构的影响，明确提出了人力资本投资的思想。随后，让·巴蒂斯特·萨伊（Jean Baptiste Say）、弗里德里希·李斯特（Friedrich List）、阿尔弗雷德·马歇尔（Alfred Marshall）等众多经济学家都有关于人力资本思想的研究，主要体现在人力资本的概念和含义、人力资本的投资与收益、人力资本与收入差别的关系以及人力资本与生命周期的关系等方面，虽未被纳入经济学主流，却成为现代人力资本理论形成的重要基石。

随着20世纪50—60年代科学技术的迅猛发展，人的因素在经济发展中的作用越来越重要，正是在这样的背景下，人力资本理论在西奥多·舒尔茨（Theodore W. Schultz）、加里·斯坦利·贝克尔（Gary Stanley Becker）、雅各布·明瑟尔（Jacob Mincer）以及爱德华·富尔顿·丹尼森（Edward Fulton Denison）的努力下得以提出并逐步形成。

舒尔茨于20世纪50年代发表了《人力资本投资》等重要文章，于1960年提出了人力资本投资理论，被誉为“人力资本理论之父”。其主要观点可概括为：第一，第一次系统地提出了人力资本理论，使其成为经济学一门新的分支学科。第二，第一次明确地阐述了人力资本投资理论，并认为人力资本的积累是社会经济增长的源泉。第三，劳动者的质量是指劳动者的工作能力、技术水平、熟练程度等。每个劳动者在质的方面存在差距，即便是同一个劳动者，在接受某种教育或培训之后，其劳动质量或工作能力也会较此前存在很大差别。第四，教育投资是人力资本投资的重要组成部分，教育也是使个人收入的社会分配趋于平等的因素。舒尔茨还对教育投资的收益率做了定量研究。当然，该理论没有构建出人力资本的一般化模型，较为注重宏观分析，缺乏微观支持。

美国著名经济学家贝克尔被认为是现代经济学领域最具创见的学者之一，同时也是人力资本理论研究的推动者。他在1964年出版的《人力资本》被西方学术界认为是“经济思想中人力资本投资革命的起点”。贝克尔对人力资本理论的最大贡献在于，为这项理论提供了坚实的微观经济分析基础，对正规学校教育和在职培训在人力资本形成中的地位和作用、教育和培训投资的收入效应和收益率的计量以及人们在这方面的决策行为进行了深入的理论与经验分析，其中对家庭在人力资本形成中的地位和作用以及家庭人力资本投资问题进行了经典的理论实证和应用研究，令人耳目一新。该理论突破了物质资本的传统经济学局限，颇具开创性，被视为现代人力资本理论最终确立的标志。

明瑟尔作为人力资本理论的奠基人之一，早在1957年就从收入分配角度最先提出了人力资本理论。其对人力资本理论的贡献多集中于个人收入分配和劳动力市场行为。其主要贡献体现在四个方面：第一，提出了人力资本理论，开创并系统发展了人力资本理论与研究方法；第二，借鉴了亚当·斯密的“补偿理论”，建立了人力投资的收益率模型；第三，用人力资本理论研究劳动力的供给问题，尤其是妇女劳动力供给的行为；第四，论证了工资差别与工作转换之间的关系，发现工资增加率与工作转换率呈现负相关变动。然而，明瑟尔的研究成果未能广为人知，一般人们公认的人力资本理论创始人是著名经济学家舒尔茨和贝克尔。

丹尼森作为人力资本理论的先驱者之一，在1962年出版的《美国经济增长因素和面临的选择》一书中，根据美国的历史统计资料，对经济增长的因素进行了分析和估计，并度量它们所引起作用的大小，其中有关教育年限和知识增进等经济增长的分析和计量以及“因素分析法”计量方法，具有较高的参考价值。该书对美国经济增长因素进行了较为详尽的计量分析，可以从中明显看出正规教育年限的增加对美国经济增长的贡献度。

20世纪80年代以后，以技术内生化为特征的新经济增长理论，将人力资本纳入理论模型之中，这一时期出现的新经济增长理论代表人物，主要有美国经济学家保罗·罗默（Paul M. Romer）、罗伯特·卢卡斯（Rober Lucas）等人，他们从经济增长模型视角阐述和论证人力资本理论，从而促进了人力资本理论的发展和完善。

2.2.4 区域经济韧性理论

区域经济韧性作为不断动态演化的过程，具有较为明显的复杂适应系统的非线性动态特征，系统结构间具有复杂的反应和自组织相互效应。最开始，斯旺斯特伦（T. Swanstrom）在2008年研究发现区域经济韧性不仅仅是简单的概念，还是一种理论，应该构建完善的理论分析框架。在内外部的冲击与干扰下，区域经济韧性逐渐呈现异质性的发展态势，其中Simmie和Martin（2010）以冲击下区域经济运行状态变化来划分区域经济韧性的4种形态（如图2-1所示）：依次是回到冲击前稳定状态，如图2-1（a）所示；继续保持原有的功能与结构，降到次一级稳定状态，如图2-1（b）所示；难以保持冲击前稳定状态，且区域经济系统的功能与结构将永久衰退，如图2-1（c）所示；跃到高一级稳定状态，区域经济系统快速调整原有的功能与结构，进入到全新的发展模式，如图2-1（d）所示（胡晓辉，2012）。

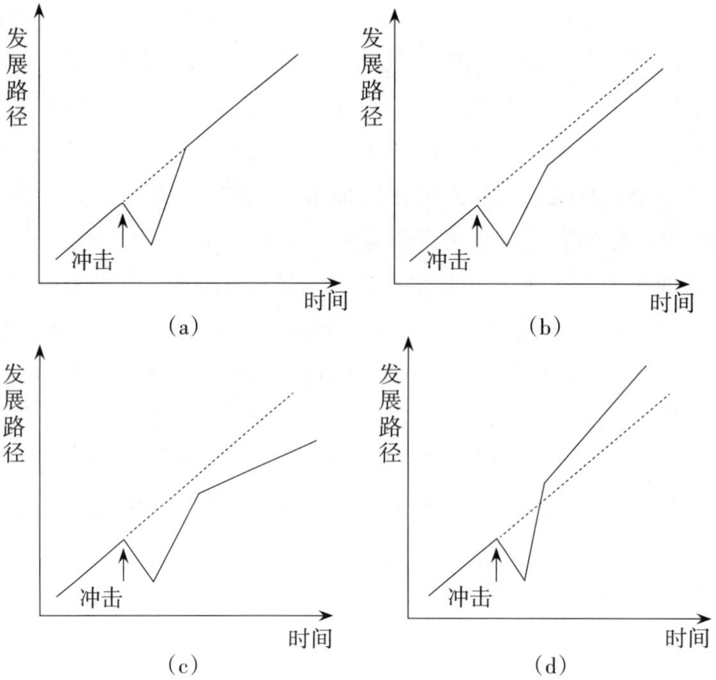

图2-1 区域经济韧性的发展阶段

为了描述区域经济韧性演化，Simmie和Martin（2010）借鉴Gunderson和Holling（2002）提出的多尺度嵌套四阶段适应性循环（Panarchy）模型（曾冰、张艳，2018），将资源积累和要素关联度引入区域经济韧性研究（陈梦远，2017），构建出区域经济韧性的首个分析框架，通过四大阶段韧性特征可以大致判断出区域经济系统所处阶段的韧性强弱，分别是重组阶段（reorganisation phase）、开发阶段（exploitation phase）、保护阶段（conservation phase）和释放阶段（release phase）。该区域经济韧性的适应性循环四阶段模型完整地刻画了区域经济系统在受到内外部冲击时，如何积极应对、调整自身状态以及进一步更新从而提升发展活力的完整过程（如图2-2所示）。

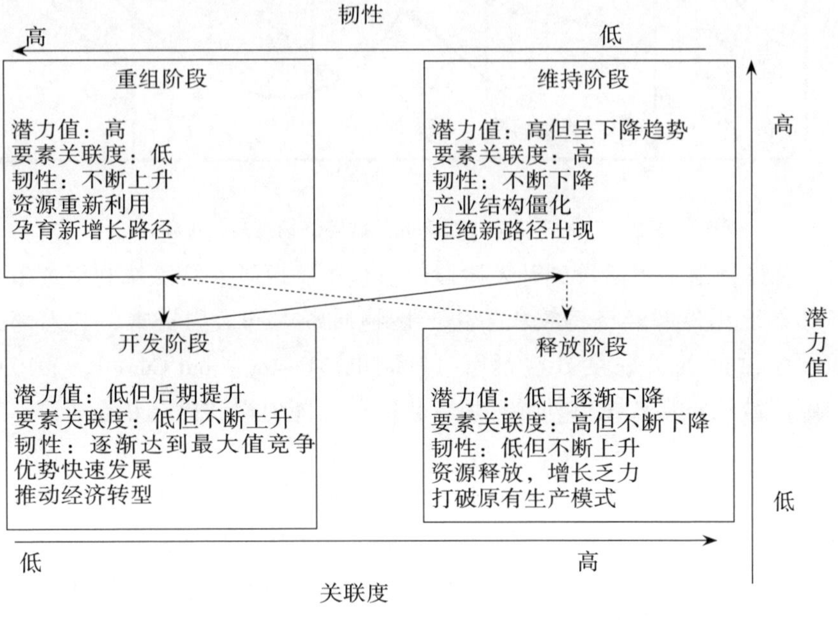

图2-2　区域经济韧性的适应性循环四阶段模型

如图2-2和图2-3所示，区域经济韧性每个阶段的特征都存在三种属性：潜力值（potential）、要素关联度（connectedness）和韧性（resilience）。其中，潜力值是指区域经济系统可利用的累积资本在未来发生变化的可能性，包括劳动力水平、管理制度、知识技术、基础设施等资本；要素关联度是指区域经济系统内要素间相互作用的次数和频率，具体指生产链条、贸易关系、知识溢出等关系；韧性是指区域经济系统抵御内外界冲击扰动、资源整合或结构调整以及创造新发展路径的能力，依赖于经济主体的生产资本、人力资本、技术体系与经营体系等要素。下面，进一步分析区域经济韧性的四大阶段：

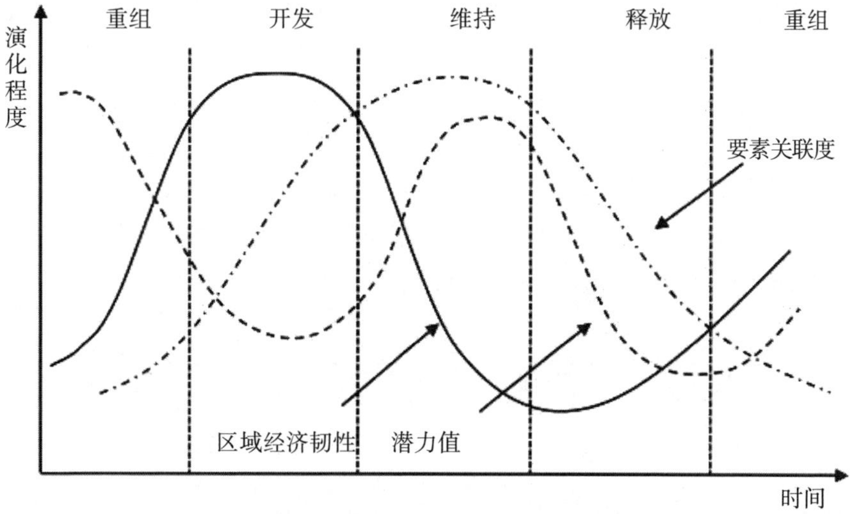

图2-3 基于适应性循环的区域经济韧性演化过程

首先，从重组阶段到开发阶段的过程中，区域经济系统利用竞争优势和本地化外部经济持续积累生产性物质资本和人力资本，其内部累积要素之间的关联度日益紧密（Pendall，Foster，and Cowell，2010），导致区域经济系统抵御外界环境变化的适应能力得到提升并逐渐达到最大值。

其次，区域经济系统逐渐进入维持阶段，沿着开发阶段取得的竞争优势继续积累资本从而使潜力值达到最大，系统内部构成要素间的关联度持续加强，经济发展模式变得僵化，导致区域经济系统抵御外界环境变化的适应能力不断下降。

再次，区域经济系统随即进入释放阶段，过度的产业关联度导致区域经济增长的动力缺失以及结构性衰退，企业逐渐转移或关闭，旧的生产模式和制度形式被打破，前期积累的资源要素开始退出和释放，此时区域经济系统抵御外界环境变化的适应能力虽然低但开始呈现上升趋势。

最后，区域经济系统回到重组阶段，前一阶段释放的资源重新得到利用，引发新一轮的技术创新、结构重组与经济增长，区域经济韧性得到提高，此后区域经济系统又将进入开发阶段继续演化。

因此，适应性循环模型下的区域经济韧性变迁会呈现两个半适应环：一方面，区域经济系统会经历涌现（重组阶段）→发展（开发阶段）→稳定（维持阶段）的报酬递增型路径；另一方面，区域经济系统会经历僵化（维持阶段）→衰退（释放阶段）→重构（重组阶段）的报酬递减或转型衰退型路径（曾冰、张艳，2018）。但是，该分析框架也存在明显缺点：第一，理论中仅对区域经济韧性演化阶段进行了纵向对比，没能对同一发展阶段区域之间的经济韧性进行横向比较；第二，仅能通过区域经济系统所处的演化阶段来间接判断区域经济韧性的大小；第三，该思维模式存在局限性，意味着区域经济发展必然遵循适应性循环模型，具有固化的内在逻辑（廖敬文、张可云，2019）。

区域经济韧性理论是在适应性循环模型的基础上发展得到的，农村经济系统作为中国经济系统的重要组成部分，该理论是与农村经济韧性研究最为相关的基础性理论，为本书构建农村经济韧性理论分析体系提供了核心理论支撑。

2.2.5 路径依赖理论

路径依赖（path dependence）又称路径依赖性，最早起源于生物学科，通常用来描述物种的进化，其含义主要强调物种进化路径形成的随机性与递进性。该概念最早于20世纪70年代被美国经济学家戴维（Paul A. David）提出并引入经济学领域，戴维对其概念及运行机制进行了深入分析。此后，新制度经济学家布莱恩·阿瑟（W. Brian Arthur）、道格拉斯·诺斯（Douglass C. North）分别将路径依赖思想引入技术变迁和制度变迁领域，具体来说，即指在技术或制度演化进入既定的发展路径后（无论是“好”还是“坏”），惯性的力量会使这一选择不断地自我强化，造成既定路径无法被更好的路径替代的状态。

美国经济学家亚瑟于1989年利用数理模型强调了在报酬递增的假设下技术进步演化对初始状态的依赖特征。该理论注重强调历史小事件、偶然性因素的作用，出于对初始状态周围环境的敏感性依赖，一旦某技术或行为被采用，通常可以凭借时间上的优势占据主导地位，在报酬递增机制的作用下，该种技术应用的单位成本将降至较低水平，选定的技术解决方案将变得更加吸引人，人们因对其产生依赖从而提升协同效应和学习效应，最终实现自我强化后的积极循环；相反，某种较之更为优良的技术因具有时间滞后性，没有获得足够的应用人群与适用范围，最终实现自我强化后的消极衰退。可见，路径依赖是一种“锁定”状态，该状态可以是正向的也可以是负向的，取决于技术最初形成时是高效率的还是低效率的（无效率）。随着路径依赖的形成，上述状态将随着惯性的自我强化机制沿着既定的发展轨迹长期存在，同时在这一阶段出现的历史小事件及偶然性因素将无法再对路径产生深刻影响。

新制度经济学家诺斯在1990年发表的《制度、制度变迁与经济绩效》中将路径依赖思想由技术变迁领域引入制度变迁领域，但由于制度变迁受到政治、经济等一系列因素的影响，将会在路径依赖的发展轨迹中相较于技术变迁表现得更为复杂。具体来看，由于制度变迁过程中的报酬递增和自我强化机制的作用，使其最终的变迁结果构筑了两种在极端状态下的路径依赖形式，当然二者之间还包含多种中庸的形式。第一种形式为某项制度建立在完全竞争的有效市场环境下，制度自身将高效率运行并产生正向的外部效应，当制度在沿着既定路径发生演变的过程中，伴随着报酬递增机制，信息成本不断降低，同时受到网络外部性、学习效应和适应性预期等因素的综合作用，不断依据外界环境变迁特点对自身作用机制进行自我优化，最终形成正向反馈机制的路径依赖。第二种形式为某项制度建立在不完全竞争与组织缺乏效率的市场环境下，由于受到行为者的观念、利益、水平从而形成主观抉择的影响，制度从建立初始便是错误与无效的，而既得利益者为了保障现有利益将极力维护并巩固该制度，伴随着制度的长期发展过程，这种制度往往经过报酬递增与自我强化机制而局限于既定的框架内，不能进行突破和变革，从而使路径发展进入下滑锁定轨迹，效率不断变低而制度固化。

演化经济地理学派认为区域经济韧性受到路径依赖因素的影响（廖敬文、张可云，2019），路径依赖理论的内涵与适应性循环的韧性概念具有较高契合度（Martin，2010）。该理论为本书从路径依赖理论的“锁定”特征来理解基于适应性循环模型的农村经济韧性演化过程，并为深入阐述农村经济韧性应对内部冲击的影响机制奠定了坚实的理论基础。

2.3 本章小结

本章分别对本研究涉及的核心概念与相关理论进行了界定与梳理。在对农村人口结构、农村人口结构变迁以及农村经济韧性的内涵进行科学界定的基础上，全面系统地梳理了人口转变理论、人口迁移理论、人力资本理论、区域经济韧性理论以及路径依赖理论的相关内容。其中，区域经济韧性理论、路径依赖理论对于农村经济韧性的理论分析以及农村经济韧性综合评价指标体系的构建具有重要的理论指导作用；人口转变理论、人口迁移理论、人力资本理论为研究中国农村人口年龄、就业和教育结构的时空变迁趋势特征提供了坚实的理论支撑。

第3章　人口结构变迁对农村经济韧性影响的理论分析

本章以不完全竞争市场、新科技革命、开放型经济为研究前提，梳理国内外已有相关文献，基于前文的理论基础，在充分探讨农村经济韧性的构成要素、内外部冲击因素识别、应对内外部冲击的机理以及自身强化路径的基础上，从人口结构变迁视角入手，构建农村人口结构对农村经济韧性影响的理论分析框架，深入剖析农村人口年龄结构、就业结构和教育结构变迁对农村经济韧性影响的作用机制，不仅拓展了农村经济韧性的理论研究视角，还为后文的实证分析与路径选择提供了理论支撑。

3.1　研究的前提

3.1.1　农村经济韧性的研究将不完全竞争市场作为基本前提

传统经济学往往以完全竞争的市场条件为理论前提，其基本限定包括市场上均是提供同质标准化产品的生产或销售企业、无任何进入或退出市场的社会障碍、市场信息是完全的、市场上存在无数的生产者和消费者等内容。虽然完全竞争的结果符合帕累托最优，但在现实经济生活中完全竞争市场状态并不存在。早期研究中，农产品市场往往被认为是近似于完全竞争市场，但是并不等同，因为完全竞争市场是理想化的。伴随着农业生产的标准化与规模化，以及农业产业化在横向与纵向间的不断联合，使用完全竞争市场概念研究农村经济韧性，将导致错误的研究结论，故本书设定为不完全竞争市场类型，基本内容包括：农村经济活动中存在许多厂商且提供的产品均存在可替代性，涉农厂商进入市场将受到政策、技术、成本等因素障碍，市场上不存在无限的供给和需求，相对于完全竞争市场而言或多或少带有一定垄断因素（高鸿业，2011）。

3.1.2 农村经济韧性的发展受新一轮科技革命的深刻影响

农业科技革命是指农业生产的关键颠覆性技术创新带动生产过程中使用一系列技术创新的过程。具体来看，以智慧农业、数据农业、精准农业为代表的新一轮农业技术革命将使农业生产经营活动进入智能化、集约化、高效化和个性化的发展阶段，信息技术、生物技术、制造技术、新材料技术、新能源技术等加快向农业农村各领域渗透，数字经济与技术不断变革农村生产生活方式，将从根本上改变农业社会组织体制和管理模式，是大幅度提高农业生产力、资源利用效率进而实现农业可持续发展的重要路径（薛亮等，2013）。

3.1.3 开放经济是研究农村经济韧性不可缺少的一个前提

开放型经济与封闭型经济范畴相对，在开放经济中，商品、资本、劳动力和技术等生产要素可以较为自由地跨国界流动，实现最优的资源配置和较高的经济效率，是充分利用国内国际两个市场、两种资源来实现产业结构升级的经济模式。随着我国农业与世界的融合度逐渐增强，农产品贸易在调剂余缺、保障供给以及发挥比较优势等方面发挥着重要作用，同时也面临着诸多挑战，例如传统优势农产品的国际竞争力下滑、农产品进口市场的稳定性与可靠性不高、世界范围内逆全球化趋势抬头、部分农产品进出口限制条件增加等（朱晶、李天祥、林大燕，2018）。

3.2 农村经济韧性的理论分析

3.2.1 农村经济韧性的构成要素

农村经济韧性是由农村经济系统基于适应性循环动态演化过程中自发形成，并随着农村经济系统的内部结构调整而发生变化的固有属性；进一步，农村经济韧性作为长期、持续提升农村经济系统的关键属性，不仅强调了面对冲击时的抵御与恢复能力，还重点关注受到冲击后对内部资源重新整合以适应环境变化从而开启新发展路径的能力（孙久文、孙翔宇，2017）。反过来，农村经济系统作为农村经济韧性的物质载体，所有的农村经济韧性都是农村经济系统构成要素所共同体现的（张振、赵儒煜，2021），即农村经济韧性的构成要素，在于农村经济系统的内部。

因此，本书要考察农村经济韧性，必须首先考察农村经济韧性的物质载体即农村经济系统。农村经济系统是指在农村地域范围内各种经济活动有机组合而成的复杂巨系统，包括需求系统、政策系统、供给系统、社会系统（吕瑞华、崔援民，2002；张振，2020）。但本书认为，需求系统和政策系统并不是农村经济韧性的主要构成要素。

其一，需求系统是一个区域经济系统的内生变量，由于市场具有公开性，不存在区域市场与非区域市场的区分，因此需求市场具有跨区域性，即便限定了区域市场的需求范围，也会发现该区域市场并非专属于该区域内的生产企业，而是属于世界市场的一部分（赵儒煜、范家辉、陈强，2018）。诚然，一个区域的内部市场对本区域的经济发展具有稳定功能，但这种作用的本质在于该区域的供给系统能够满足本区域需求市场发展的需要，并拥有较强的竞争力去占据本区域的需求市场。此外，需求因素作为市场中最活跃的力量，也是扰动区域经济系统的主要外部因素。因此本书认为，需求系统应视为对农村经济韧性造成冲击的外部力量，不应成为农村经济韧性的构成要素。

其二，政策系统是制约区域经济系统运行的重要因素。宏观经济政策是一个国家或政府为了实现充分就业、价格稳定、经济增长和国家收支平衡而制定的指导性措施，不仅是推动经济恢复、企稳向好的重要保障手段，还是促进经济提质增效的重要激励工具。其中，区域性经济政策在地方经济发展中同样发挥着不可忽视的作用，对于本区域内资源的优化配置、产业的空间布局发挥作用较为明显（Giannakis and Bruggeman，2020）。鉴于经济发展环境的复杂性、严峻性和不确定性上升的背景，来自国家和地方的生产、贸易、环境等各项政策将从外部对区域经济系统的运行模式产生冲击，使得区域经济发展的总体方向朝着政策演变的方向而不断调整（张振、赵儒煜，2021）。因此本书认为，政策系统同样应视为对农村经济韧性带来冲击的外部力量，不应成为农村经济韧性的构成要素。

综上，本书认为农村经济韧性主要由农村供给系统和支撑农村供给系统的农村社会系统构成。

3.2.1.1 农村供给系统

农村供给系统是农村经济韧性中最核心的构成系统，不仅是农村经济系统抵御内外部冲击的主要构成部分，还是强化农村经济韧性的核心力量。农村供给系统是指农村经济体的生产运行系统，主要由资源禀赋、主导产业、生产方式、生产基础、产出效率等要素构成（段进鹏，1993）。

农村资源禀赋不仅包括农村生产资本还包括农村人力资本。农村生产资本指的是农村地区的物质资本投入，具体包括自然资源（谢家智、车四方、林涌，2017；Michel-Villarreal et al.，2019；Giannakis and Bruggeman，2020；张明斗、惠利伟，2022；李久林等，2022）、资金支持（谢家智、车四方、林涌，2017；Florin et al.，2020，张明斗、惠利伟，2022）和基础设施（Li，Song，and Huang，2021；唐莹、陈梦涵，2023）等支撑农村经济系统运转的获取性资本；农村人力资本指的是农村人口的总量、基本素质与健康状态（李玉恒、阎佳玉、刘彦随，2019），具体包括人口的数量与质量水平（Angulo，Mur，and Trívez，2018；齐昕、张景帅、徐维祥，2019；朱华友等，2021；张明斗、惠利伟，2022)。

农村主导产业的定位取决于行业科学技术形成的高速增长率以及自身的辐射带动效应，主导产业不仅决定着农村产业链的价值水平高低，还决定着能否带动农村其他相关部门的快速发展（张振、赵儒煜，2021)，如果面向位于农村主要生产活动与就业岗位的产业部门配置较多的生产要素，促使其形成完备的产业链、价值链和利益链，将会显著提升农村经济韧性的水平。

农业生产方式转变作为加快农业生产现代化变革的有效途径，是包括农业生产要素的投入结构、组织经营形式等多方面内容在内的复杂概念（高晶晶、史清华，2021)，本书仅指生产与经营两个最基础方面的含义。农业生产方式决定着农业全要素生产率水平与生产经营模式的发展方向，是推动农业生产转型规模化、集约化、绿色化可持续发展的根本路径。

农村生产基础作为衡量农村经济韧性的重要指标，可以反映农村地区生产的总体状况，良好的生产基础表明具有强大的综合生产能力，能够为农村经济系统抵御内外部风险提供坚实的经济保障（Quendler and Morkūnas，2020；张明斗、惠利伟，2022)。同时，可以从路径依赖理论的“锁定”特征来理解基于适应性循环的区域经济韧性演化过程，若是农村某经济单元的生产基础良好，农村经济系统会通过自我强化机制将发展路径“锁定”为高效率的报酬上升路径，从而增强农村经济韧性抵御风险的能力。

农业产出效率作为衡量农村经济发展活力的重要指标，是农村经济系统在适应内外部冲击环境后开启新发展路径的重要推动力量。若是农村某经济单元的产出形势良好，根据经济惯性理论的观点，农村经济系统将在一定时期内保持相对“稳定”的活力状态，即具备一定发展潜能的产出效率（张翀、焦伟伟，2021)。

3.2.1.2 农村社会系统

农村社会系统作为农村供给系统的相关支撑系统，是指农村经济体的非生产运行系统，具体包括社会教育、社会保障、社会文化、社会网络等因素。

农村社会教育是指乡村中与村民发展相关的教育体系，包括乡村学校教育、乡村成人教育、乡村职业教育，其核心是乡村学校教育（马一先、邓旭，2022）。高质量的农村社会教育将为乡村产业发展与现代化建设培养本土化实用人才，从而补充农村供给系统中的资源禀赋存量（Angulo，Mur，and Trívez，2018；于莎、赵义情，2018）。

农村社会保障通常包括社会救济、社会保险、社会福利和社会优抚，是国家和社会依法对农村人口基本生活予以保障的社会安全制度。该制度作为农村地区保障和改善民生、维护社会公平、增进人民福祉的基本制度，将最大程度地降低不确定性因素对农村人口特别是弱势群体的不利影响，有效保障农村供给系统的平稳运行（Pavel et al.，2020；张振，2020）。

农村社会文化不仅指的是传统农耕文化所隐含的价值观念和道德规范，还包括农村经济精英所具备的企业家精神。具有良好劳动观念、伦理规范和企业家精神的社会文化将有助于激发农民的主观能动性，重塑自身发展能力（刘晓雯、李琪，2020），促进农业多项生产活动的重组与复苏，从而提升农业产出效率与整体经济效益（Huggins and Thompson，2015；孙久文、孙翔宇，2017）。

农村社会网络指的是农村人口在各项活动中产生的社会联系、信任度以及参与行为。人际关系间的信誉度使农户通过低成本的交易方式获取到其他农户的异质性资源与信息，进而突破原有狭隘的社会网络对行动空间的束缚，激发农民群体间的凝聚力与协作力，提升农村的社会资本水平，从而助推农业生产方式的变革（李玉恒、阎佳玉、刘彦随，2019；吴雄周，2021）。

3.2.2 农村经济韧性的冲击识别

3.2.2.1 农村经济韧性的内部冲击

演化经济地理学派认为区域经济韧性受到路径依赖因素的影响（廖敬文、张可云，2019），具体来看，区域经济韧性的发展阶段作为动态演化过程，其初始阶段条件是影响区域经济韧性的内在因素，即区域经济韧性受影响于区域经济系统的原有性质以及从主导产业部门继承的技术水平、产业链条、经营模式（Boschma and Martin，2010），可见路径依赖理论的内涵与适应性循环的区域经济韧性概念具有较高契合度（Martin，2010）。

由前文分析可知，农村经济系统作为农村经济韧性的物质载体，所有的农村经济韧性都是农村经济系统内部构成要素所共同体现的（张振、赵儒煜，2021），即农村经济韧性的构成要素，在于农村经济系统内部。由于农村经济韧性主要由农村供给系统和支撑农村供给系统的农村社会系统构成，故农村经济韧性主要体现在农村供给系统和农村社会系统两个方面。

农村供给系统作为农村经济韧性最核心的构成要素，其初始阶段的条件将成为农村经济韧性内部冲击的核心来源。具体来看，农村经济韧性的内部冲击主要受到农村资源禀赋、农村主导产业、农业生产方式等要素初始阶段状态的影响。

（1）农村资源禀赋方面

土地是农村生产最重要的生产资料，也是农民从事生产活动最基础的物质资料，现实中的耕地保护存在“非粮化”“非食物化”“边际化”“弃耕化”趋势，严重制约着农业耕地资源的可持续利用，威胁着国家粮食安全与资源安全（孔祥斌、陈文广、党昱譞，2023）；人口作为农村经济系统运行的基础性要素以及提升农村经济韧性的基础性条件，伴随着中国农村人口结构呈现出的人口深度老化、空心化快速发展、受教育水平整体偏低、人才总量匮乏的“新常态”特征，且变迁趋势较长时间内不可逆转，进一步引发了村庄“耕地荒废、房屋闲置、产业空心”新局面的出现（茆长宝、熊化忠，2019）；资金是巩固农业基础地位、推动农业农村优先发展的重要支撑，虽然近年来支农惠农资金投入力度进一步加大，但现行财政支农资金管理机制仍然存在资金划拨与使用较为分散、资金投入结构不合理、资金使用监督机制缺乏等风险（韦艳肖，2022）；基础设施是直接降低农业生产自然风险、促进农业生产效率提升以及推进农业现代化的重要保障，近年来我国农业基础设施建设取得了一定成效，但仍然面临着资金保障不足、规划建设滞后、管护机制不健全等问题。

（2）农村主导产业方面

主导产业在产业结构中处于核心地位并决定着整个地区经济发展的方

向，是本地产业发展的支柱，合理选择并有序培育农村主导产业成为农村经济发展的“牛鼻子”。长期以来，由于城乡间产业结构发展的定位不同，现有主导产业的选择标准无法有效针对农村主导产业选择提供指导，农村某些地区的主导产业定位表现出比较优势不强、忽视农民意愿、脱离市场需求、产业关联带动度低等短板（程旭，2018）。

（3）农业生产方式方面

农业生产方式转变是推进农业现代化进程、实现农业生产绿色可持续发展的根本动力。长期以来，中国传统农业发展主要依赖大量低端生产要素，属于“高投入、高消耗、低产出”的粗放式生产方式，虽然有效缓解了农产品市场供给不足的矛盾，但也引发了资源禀赋约束趋紧、生态环境逐步恶化的现实问题（王菲、孙淑惠、刘天军，2023）。

3.2.2.2 农村经济韧性的外部冲击

（1）以自然灾害为主的难以预见、不可抗力要素

该类要素具体包括干旱、洪灾、冷冻、地震等自然灾害以及突发的公共卫生事件。一方面，自然灾害会直接导致农作物减产或损毁，并进一步对农业再生产条件造成影响，例如对劳动者身体素质、再生产物质资料（房屋、耕畜、农具）以及基础设施产生破坏（刘美豆，2021）；此外，自然灾害会因阻碍农产品交易流通，从而在短期内推升农产品价格上涨，降低农产品生产者与经营者收入。另一方面，公共卫生事件侵扰频率的增加，给农村经济系统运行带来诸多不确定性，例如农资成本上升、流通环节受阻、市场供需失衡、出口贸易设限、农民收入减少、外出务工减缓等，对农村经济社会产生重大冲击（丁守海，2020；李玉恒、黄惠倩、王晟业，2021）。

（2）以需求结构变化、需求总量变化为主的市场要素

一方面，市场需求结构变化带来的冲击表现在随着经济水平的发展、居民收入的增加、产品结构的升级，消费质量明显改善，越来越多的消费者对农产品的需求开始由追求数量向追求质量转变，对优质化、高端化、特色化的食物消费类型需求走强；就现阶段而言，我国农产品的供给质量与消费者的需求结构间存在明显错位，即优质、绿色、营养、高端的农产

品供给不足，初级农产品、中低端农产品供给过剩，不能有效满足消费者对农产品的绿色化、个性化和营养化需求。另一方面，市场需求总量变化带来的冲击表现在随着人口数量的快速增长、消费能力的增强，加之人口城镇化和工业化进程的推进，引起粮食等主要农产品消费总量的持续增长，同时随着食品消费结构的升级还将提升肉类、禽蛋、奶制品、水产品等动物性产品在居民膳食结构中的比重。

（3）以工业化、城市化、农产品贸易、粮食生产支持、环境规制为代表的政策要素

例如在快速工业化、城市化进程中，以传统农业生产或资源开发为主的部分乡村，在市场竞争、资源枯竭、人口流失的变迁趋势下逐渐失去发展动力，农村经济系统抵御内外界风险冲击能力逐渐减退甚至丧失（李玉恒、阎佳玉、刘彦随，2019）。受贸易保护主义和局部战争冲突等因素影响，多个产粮大国的出口管制政策削弱了粮食贸易的供给能力，从而引发世界粮食贸易格局的变动。放眼国内，现行的粮食主产区利益补偿机制存在补偿主体单一、力度不足、激励作用有限，引发多个产粮大省对粮食生产重视程度的降低（陈锡文，2023）。环境规制的目的是推动农业发展与资源相匹配、与环境相适应、与生态相协调，但是在促进“高投入、高消耗、低产出”生产方式绿色集约化转型的同时，也增加了农业生产经营主体的内部成本。

3.2.3 农村经济韧性应对冲击的机制分析

3.2.3.1 农村经济韧性应对内部冲击的机制分析

区域经济韧性的发展阶段作为动态演化的过程，其初始阶段条件是影响区域经济韧性的内在因素，即区域经济韧性受区域经济系统的原有性质以及从主导产业部门继承的技术水平、产业链条、经营模式（Boschma and Martin，2010）的影响，而路径依赖理论的内涵与适应性循环的区域经济韧性概念具有较高契合度（Martin，2010）。可见，路径依赖理论注重强调在报酬递增的假设下技术或制度变迁对初始状态的依赖特征，即某项技术或制度演化进入既定的发展路径后，惯性的力量会使这一选择不断

自我强化，使其最终的变迁结果形成了两种在极端状态下“正向”或“负向”的路径依赖形式。

农村经济韧性是农村经济系统抵御内部和外界冲击、资源整合（结构调整）以及创造新发展路径的特性，进一步基于路径依赖理论的“锁定”特征来理解基于“开发—维持—释放—重组”适应性循环的农村经济韧性演化过程（Pendall，Foster，and Cowell，2010；Simmie and Martin，2010），存在以下两种在极端状态下形成的路径依赖形式：

第一种形式是路径依赖下的正向“锁定”状态。当农村经济系统内外部环境发生变化时，伴随着报酬递增机制、信息成本的不断降低，农村经济系统内累积资本的潜力值不断提升，生产链条、贸易关系、知识溢出等要素的关联程度逐渐加强，同时受到网络外部性、学习效应和适应性预期等因素的综合作用，农村经济系统会通过自我完善与强化机制将发展路径“锁定”为高效率的报酬递增型路径，引起农村经济系统抵御风险冲击的适应性不断提升，进而农村经济韧性得到增强，最终形成正向反馈的路径依赖。

第二种形式是路径依赖下的负向“锁定”状态。当农村经济系统内外部环境发生变化时，伴随着报酬递增机制，农村经济系统内累积资本中的生产链条、贸易关系、知识溢出等要素，因关联程度过度紧密从而引发产业结构刚性，农村经济系统会通过自我完善与强化将发展路径“锁定”为低效率的转型衰退型路径，引起农村经济系统抵御风险冲击的适应性不断降低，进而农村经济韧性得到抑制（Martin et al.，2016），最终形成负向反馈的路径依赖。

因此，对于深受初始累积要素影响的传统农村经济系统来说，对本地传统主导产业进行生产资源重组、生产方式改进（吸纳先进技术要素），将有助于传统农村经济系统重新进入强经济韧性的正向报酬递增型“锁定”状态（廖敬文、张可云，2019）。

3.2.3.2 农村经济韧性应对外部冲击的机制分析

如前所述，农村经济韧性主要体现在农村供给系统与农村社会系统两个方面。农村供给系统作为农村经济韧性最为核心的构成要素，不仅是农村经济系统抵御外部冲击的主要构成部分，还是强化农村经济韧性的核心推动力量。相对而言，农村社会系统则是农村供给系统的相关支撑力量，故本节重点分析农村供给系统应对外部冲击的机制。

（1）农村供给系统是应对自然灾害等不可抗力因素的基础性要素

农业的生物学属性决定了农业生产对气象条件具有极强的敏感性和依赖性，特别是我国地域辽阔，地形及地貌复杂，地理及生态环境多变，存在各种自然灾害发生的条件（谢家智、车四方、林涌，2017）。无论是灾后重建还是后疫情时代的经济复苏，均离不开农村先进的生产力水平，即丰富的资源禀赋存量与良好的农村生产基础。因此，农村供给系统中的资源禀赋、生产基础是抵御自然灾害等不可抗力因素冲击的基础力量。

（2）农村供给系统既是受到市场要素冲击的主要对象，也是应对市场需求变化的核心力量

市场要素的冲击主要体现在需求结构升级与需求总量提升两大方面。一方面，市场结构变化带来的冲击主要体现在随着居民收入的增加，对农产品的消费品质显著提升，这种趋势对传统农业生产方式产生了严重冲击。只有推进农业生产方式现代化变革，转变生产要素投入结构，推动农业生产方式从当前主要依赖化学农资施用向以良种、良技等科技型农资应用为动力的生产方式转变（高晶晶、史清华，2021），提高农产品的质量安全水平，实现农业生产方式的科技化、标准化、绿色化转型，才能更好地抵御市场结构变化带来的冲击。另一方面，市场总量变化带来的冲击主要体现在随着人口的快速增长、消费能力的增强，加之人口城镇化和工业化进程的推进，引起主要农副产品消费总量的持续增长，这种变化会对现有农村产业系统产生挑战，其对农村经济系统冲击的抵御程度取决于当前农村供给系统中农村生产资本与人力资本前期积累是否充分以及生产基础规模能否吸收冲击。对于具备上述条件的地区，农村经济系统将通过对自身结构和功能的适应性调整，使发展轨迹重新回到之前的经济增长路径之中。具体地，只有在坚持稳粮增畜等重要农产品有效供给的同时，推进土地流转并形成规模经营，才能更好地抵御市场总量变化带来的冲击。综上，农村供给系统中的资源禀赋、生产方式和生产基础决定了抵御市场要素对农村经济系统的冲击程度，成为应对市场需求变化的核心力量。

(3) 农村供给系统是政策要素的直接冲击对象，也是应对政策要素冲击的关键性因素

在一定的经济周期内，工业化政策、城市化政策、农产品贸易政策、粮食生产支持政策、环境规制政策都会对农村经济系统带来冲击，同时上述政策的实施使得农村产业体系的发展方向沿着政策演变方向而不断调整（张振、赵儒煜，2021）。只有加快构建现代农业产业体系、生产体系、经营体系，调整优化农业产业结构、提高农业物质装备和科学技术水平、完善农业经营方式，才能从根本上抵御外部政策风险。因此，农村供给系统中的主导产业、生产方式和产出效率是应对政策要素冲击的关键性力量。

3.2.4 农村经济韧性的强化路径

3.2.4.1 供给系统调整与韧性重构

农村供给系统调整主要取决于农村主导产业与农业生产方式两大主要因素。从主导产业来看，农村主导产业是农村经济系统稳定的压舱石，合理选择并有序培育主导产业将成为提升农村经济韧性的关键。具体来看，农村主导产业无非源于两个渠道：一方面是壮大和升级与本地资源禀赋相匹配的内生型传统产业，并以该传统主导产业为中心延长产业链、提升价值链、完善利益链；另一方面是承接外地转移而来的外置型现代产业，并尽可能实现与本地产业的无缝对接，发挥外置型现代产业对本地产业的辐射带动作用，最大化激活产业间的协同效应。从农业生产方式来看，一种生产方式以何种方式演变不仅取决于科技创新以及成果的转化应用，还与生产关系的性质及其变化的方向密切相关（何自力、顾惠民，2022）。具体到农业生产方式，一方面要进行要素配置的综合调整，即在减量使用化肥、农药等化学农资的同时，推广应用良种、机械为代表的科技农资，提高农业生产的良种化、机械化、科技化水平；另一方面上述科技型要素的推广离不开一定程度的适度规模经营来实现，即在探索畅通农地（宅基地）市场流转渠道方式与机制的同时，培育和壮大新型农业经营主体，提升农业经营规模化、组织化和社会化水平（冯海发，2017）。总之，从当前依赖化学农资的分散粗放型向先进科技支撑的规模集约型转变，已成为

农业生产方式现代化变革的方向。

3.2.4.2 社会系统优化与韧性支撑

农村社会系统优化主要体现在农村社会教育、农村社会文化和农村社会网络三大方面。在农村社会教育方面，应通过加大教育经费投入、提高教师队伍素质、完善教育基础设施等途径来着重提升农村居民义务教育水平，通过“义务教育”的增量式改革来全面提升农民的文化素养与学习能力，从而为农村供给系统的可持续运行提供人力资本动力（吴雄周，2021）。在农村社会文化方面，应通过树立劳动观念、培养企业家精神的方式挖掘农村人口的发展潜能，激活农民发展的内生动力，重塑农户意识与行动的双重主体性（刘晓雯、李琪，2020），特别是应将“扶志”作为帮助贫困农户突破“甘于落后”传统观念的途径，培养其树立对生存、生活、生命质量提升的理想追求，从而提升农村供给系统内的农业产出效率（Brown and Greenbaum，2017；吴雄周，2021）。在农村社会网络方面，应通过借助能人社会资源、先进通信媒介、现代经营体系构建起农村地区多元、新型的社会网络，避免各类经营主体出现生产行为选择时的盲目与短视行为，畅通农村地区内部之间及与外界联系的信息通道，提升乡村社会资本水平，进而推动农村供给系统内的农业生产方式变革（孙久文、孙翔宇，2017；李玉恒、阎佳玉、刘彦随，2019）。

3.3 人口结构变迁对农村经济韧性的影响机制分析

3.3.1 人口年龄结构变迁对农村经济韧性的影响机制

3.3.1.1 人口年龄结构变迁通过影响劳动生产效率进而影响农村经济韧性

当一个地区的少儿抚养比与老年抚养比均处于较低水平时，其劳动力资源相对丰富，有利于促进劳动密集型产业的发展，人口红利带来的劳动力成本优势比较突出。具体到农业领域，随着人口老龄化程度的加深，直观表现为农业生产中老龄劳动人口增多，农业劳动力适龄人口供给总量减少。从微观农户视角来讲，农村人口年龄结构主要从个体（质量）与家庭（结构）两个维度影响农业劳动生产效率。从个体维度看，随着年龄的增长，受制于体力、健康趋于下降的影响，老龄劳动力将降低农业生产强度或逐渐退出生产领域。大量研究证实，劳动生产效率与年龄增长呈现倒U形状态，当年龄跨过一定门槛时，全社会劳动生产率将降低（Verhaegen and Salthouse，1997；Roger and Wasmer，2011）。相反，得益于生产经验积累与专业技能的提升，老龄劳动力对农资投入、作物习性、灾害防治等生产活动更有心得，不仅由于积累大量农业生产经验提升了自身劳动生产效率，还对于青壮年劳动力具有知识溢出作用，即提升了年轻劳动力的生产率，从而提升全社会劳动生产效率。因此，年龄结构老化对劳动生产效率的影响取决于体能老化效应与经验积累效应的相对大小。从家庭维度看，家庭中老龄劳动力相对增多，有效劳动力投入量不足，将引起家庭劳动参与率下降，从而逐渐退出农业生产活动（Zou，Mishra，and Luo，2018）。

从农业劳动生产效率对农村经济韧性的影响看，劳动生产效率的提高可以促进农业生产柔性能力的提升（郝爱民、谭家银，2023），有助于提高农村人均可支配收入，增强农村地区经济发展的增长活力，从而提升农村经济韧性。具体来看，一方面，农业劳动生产效率的提高可以减少其他生产要素在农业生产中的相对投入量，同时有利于缓解农业生产要素在农村产业部门间的错配，实现农业生产要素的合理利用与优化配置；另一方面，随着农业劳动生产效率的提高，农业生产经营主体的生产规模与利润空间随之扩大，从而引起农村劳动力就业结构优化与数量增长，同时农业生产经营主体在效率与价格的比较过程中会增加现代生产技术要素的应用，有助于提升农村产业价值链，最终提升农村经济韧性（张明斗、吴庆帮、李维露，2021）。

3.3.1.2 人口年龄结构变迁通过影响农业技术进步进而影响农村经济韧性

农村人口年龄结构变迁给农业技术进步带来了机遇与挑战。一方面，农村人口老龄化对农业技术进步具有正向影响。首先，人口老龄化带来的农村劳动力供给减少会间接拉升农业生产经营主体的运行成本，传统农业生产方式的优势逐渐丧失，导致农业生产经营主体的利润被压缩，不得不倒逼农业生产经营主体选择应用科学技术等现代生产要素来替代传统（劳动力）要素投入，以提高农产品生产效益与竞争力，从而推动农业现代机械和生物化学技术的推广与应用。其次，根据亚当·斯密的协作与分工理论，老龄化农户受国家政策的扶持与服务市场的引导，促使农业产业链条纵向解构，将家庭内部的部分农业生产服务环节分离，使其成为农业生产性服务的需求方，实现分工经济下的服务规模经济，通过购买相应阶段的农机社会化服务刺激了农业新技术、新机械的应用与推广（王箭旭、李朝柱，2020）。另一方面，农村人口老龄化对农业技术进步具有负向影响。随着年龄的增长，农村劳动力身体机能退化、精力不足、学习能力和风险承担能力减弱，加之此类人群受教育水平普遍较低、传统生产方式较为固化，因此不容易接受农业生产的新知识与新技术。同时，为了控制农业生产成本，老年劳动力会将更多地通过自我雇佣、延长工时的方式阻碍机械与化学要素的推广与应用，从而使得生产环节中的农业技术进步受到了很大程度的制约。

从农业技术进步对农村经济韧性的影响看，分别从提升农村经济韧性的抵抗力、适应力、重构力三个维度进行分析。首先，农业技术进步作为农村产业结构演化的内在驱动力量，通过重构产业链、价值链关联，催生新产品、新产业、新服务并丰富了农村产业结构，促进了农村产业结构布局的多样化，更好地分散、钝化不确定性冲击带来的风险，能够预防农村产业结构单一造成的消极“锁定”，从而提升农村经济韧性的抵抗力（徐圆、邓胡艳，2020）。其次，农业技术进步通过形成农村经济系统内生产要素的有序运作模式，促进农业生产要素的自由流动，优化农业生产要素的配置效率与生产组合进而促进农业生产效率的提升，在内外部环境多变的情况下为农村经济系统调整提供物质与经济基础，从而提升农村经济韧性的适应力（程广斌、靳瑶，2022）。最后，演化韧性强调的不仅意味着恢复到之前的均衡状态，还包括在不断学习和创新的驱动下实现区域经济稳定增长的能力。Martin、Sunley 和 Tyler（2015）研究发现，在适应性循环的区域经济韧性演化过程中，通过资源重新利用引发新一轮技术创新，进而催生出新的生产活动并形成新的比较优势，从而开启新的经济增长路径。可见，农业技术进步将基于现有的生产基础去实现农村产业结构的适应性调整，推动农村经济系统进入新一轮的增长路径，从而提升农村经济韧性的重构力（徐圆、邓胡艳，2020）。

3.3.1.3 人口年龄结构变迁通过影响产业结构升级进而影响农村经济韧性

从整体看，人口年龄结构主要从生产环节和消费环节影响农村产业结构。从生产供给角度看，农村人口老龄化对产业结构升级将存在积极和消极两种效应。具体来看，当农村人口老龄化程度逐渐加深，农村有效劳动力供给数量不断减少，劳动力成本价格随之提高，压缩了农业生产经营主体的利润空间，一方面，受劳动力老龄化影响的农村家庭会引进农业机械技术与物化技术，大幅度提升农业生产效率，使得农业工资率水平与工业、服务业工资率水平差距逐渐缩小，从而优化了农业生产要素的配置结构，同时在一定程度上促进了农业适度规模经营，推动农业生产经营集约化、专业化、组织化、社会化，从而加速了农村产业结构的升级速度；另一方面，由于农村劳动力身体机能退化、精力不足引起的学习能力与风险承担能力减弱，加之此类人群受教育水平普遍不高以及对传统农业生产方式的“路径依赖”效应，还有部分农户为降低成本而增加自我雇佣（延长工时）等因素的影响，均不利于劳动节约型技术与生物化学技术的应用与推广，从而难以适应农村产业向高级化发展的要求（马玉婷、高强、杨旭丹，2023）。从消费需求角度看，根据消费需求的相关理论，需求是一切生产活动的起点，需求的变化将引发产业结构发生调整，农村人口老龄化的演进意味着大量与老年人相关的第三产业需求的增加，即推动农村产业结构整体向“服务化”方向发展，例如农业生产社会化服务、农村养老服务产业、农村老年健康服务业、农村老年保险金融业等适老产业，从而促进农村产业结构升级（赵春燕、宋晓莹，2021）。

从产业结构升级对农村经济韧性的影响看，农村产业结构升级主要包括两个维度，即产业结构合理化与产业结构高级化，具体从两个维度进行分析。从合理化维度看，农村产业结构合理化主要通过提升产业协调关联程度和生产要素配置效率对农村经济韧性产生影响，一方面，农村产业结构合理化有利于形成农村多元化的产业结构（加工、生产性服务、农业+文旅/生态/教育)，能够在投资组合效应的作用下分散冲击带来的风险（徐圆、张林玲，2019），从而提升农村经济韧性的抵抗力；另一方面，农村产业结构合理化不仅有利于打破农业生产要素在产业内与产业间的流动壁垒，实现农业生产要素的高效利用与优化配置，促进农村经济系统的高效运行，从而提升农村经济韧性的适应力，还有助于形成农村产业间的知识溢出效应，推动农业技术进步，促进农村经济的新一轮增长，从而提升农村经济韧性的重构力。从高级化维度看，农村产业结构高级化主要通过发挥产业结构红利和改变农业产品属性对农村经济韧性产生影响，一方面，农村产业结构高级化通过纵向延伸农业产业链条形成了集生产、加工、收储、物流和销售于一体的农业全产业链，提升了农业产业体系的整体素质与竞争力，扩大了农户应对内外部风险冲击时的选择空间，有利于提升农村经济韧性的抵抗力与适应力（郝爱民、谭家银，2023）；另一方面，农村产业结构高级化通过横向拓展农业产业链条变相提升了农产品的收入需求弹性，推动了农业与经济、社会、生态、文化等多领域的融合重组，催生出农村新产业、新业态、新模式，引导农村经济进入新的发展路径，从而提升农村经济韧性的重构力（梁坤丽、刘维奇，2023）。

3.3.2 人口就业结构变迁对农村经济韧性的影响机制

3.3.2.1 人口就业结构变迁通过影响农业技术进步进而影响农村经济韧性

作为农业生产活动的重要生产要素之一，农村劳动力就业结构变迁对农业生产技术进步存在收入回流与要素替代两方面效应。一方面，从收入回流效应看，随着农村青壮年劳动力向城市与农村非农产业大量转移，提升了农村家庭的非农（工资性、经营性）收入，缓解了农业生产过程中农户面临的资金约束，弥补了农业生产的资金缺口，包括购买农资和农业机械化服务、采纳先进技术等，通过提升农户对先进生产资料的购买能力来促进农业技术进步（徐清华、张广胜，2020）。另一方面，从要素替代效应看，根据 Hayami 和 Ruttan（1985）提出的诱致性农业技术变迁理论，生产要素（劳动力与土地）的相对稀缺性变化将引致农业技术进步（农机技术与物化技术），并实现生产要素的替代。具体来看，若土地要素稀缺则会加大化肥、良种等化学技术，从而引致资本节约型技术进步；若劳动力要素稀缺则会推进农业机械化的普及，从而引致劳动节约型技术进步（速水佑次郎、拉坦，2014）。近年来，随着我国城镇化进程的快速推进，大量农村劳动力向第二、三产业转移，势必将造成农业生产劳动力的供给短缺，促进农业劳动力要素价格持续提升，从而推动农业机械化（农业生产性服务）的发展，即通过先进农机技术替代农村劳动力要素来促进农业技术进步（张宽等，2017；耿宇宁、刘婧，2019）。

从农业技术进步对农村经济韧性的影响看，分别从提升农村经济韧性的抵抗力、适应力、重构力三个维度进行分析。首先，农业技术进步作为农村产业结构演化的内在驱动力量，通过重构产业链、价值链关联，催生新产品、新产业、新服务并丰富了农村产业结构，促进了农村产业结构布局的多样化，更好地分散、钝化不确定性冲击带来的风险，能够预防农村产业结构单一造成的消极“锁定”，从而提升农村经济韧性的抵抗力（徐圆、邓胡艳，2020）。其次，农业技术进步通过形成农村经济系统内生产要素的有序运作模式，促进农业生产要素的自由流动，优化农业生产要素的配置效率与生产组合进而促进农业生产效率的提升，在内外部环境多变的情况下为农村经济系统调整提供物质与经济基础，从而提升农村经济韧性的适应力（程广斌、靳瑶，2022）。最后，演化韧性强调的不仅意味着恢复到之前的均衡状态，还包括在不断学习和创新的驱动下实现区域经济稳定增长的能力。Martin、Sunley和Tyler（2015）研究发现，在适应性循环的区域经济韧性演化过程中，通过资源重新利用引发新一轮技术创新，进而催生出新的生产活动并形成新的比较优势，从而开启新的经济增长路径。可见，农业技术进步将基于现有的生产基础去实现农村产业结构的适应性调整，推动农村经济系统进入新一轮的增长路径，从而提升农村经济韧性的重构力（徐圆、邓胡艳，2020）。

3.3.2.2 人口就业结构变迁通过影响农业规模经营进而影响农村经济韧性

伴随着农村大量剩余劳动力由农业部门向非农部门转移，其对农业规模经营（农地流转）存在两种相反的影响：一方面，农村劳动力的非农转移将很大可能促进农地流转行为的发生（Yao，2000；Kung，2002），即农户家庭通过市场力量将承包地流转给种植大户、职业农民和农业合作社等新型经营主体从而获取稳定的租金收入，以实现农户家庭收益的最大化，同时由于非农行业工资率与农业工资率水平存在差异，非农转移后将显著提升农户的工资性收入，逐渐弱化农村土地对农户的社会保障功能，更有利于农地集中流转。进一步，非农转移还将通过示范效应促进周边地区农地规模化市场的发展（徐清华、张广胜，2020）。另一方面，农村劳动力的非农转移并不一定促进农地流转市场的发育。由于农户存在家庭内部分工机制，虽然家庭部分成员实现了非农转移，但仍然可以通过家庭内部（性别）分工实现“男工女耕”“半工半耕”的兼业经营现象（洪炜杰、陈小知、胡新艳，2016），同时中国农地流转决策行为并不完全取决于经济与分工因素，很大程度上还与土地制度、法律法规、道德伦理等因素有关（赵思诚、许庆、刘进，2020）。

从农业规模经营对农村经济韧性的影响看，根据学界共识，农业规模经营不仅表现为农户耕地面积的扩大，还指农业各类生产要素（土地、劳动力、资金、技术）的优化配置，进而实现收益最大化的生产行为（鄢姣，2021）。首先，农业规模经营通过降低农产品生产的单位成本，增强了农村经济韧性的抵抗力。根据规模经济理论，在既定的技术水平下，农产品生产绝对量的增加在达到平均成本最低点对应的产量之前，将通过提升土地产出率、劳动生产率、农业全要素生产率来降低农业交易费用与管理成本，实现“规模经济”，有效提升农业综合生产能力，从而巩固农村经济韧性的生产基础。其次，农业规模经营通过改善农业各类生产要素的配置结构，增强了农村经济韧性的适应力。根据要素禀赋理论，不同的生产要素禀赋因具有差异化的生产函数，将产生不同的资源配置组合（曾雄旺、杨亦民，2015）。农业规模经营通过打破农业生产要素在产业内与产业间的流动壁垒，调整了农业生产要素的配置组合结构，从而增强了农村经济系统应对内外部冲击的柔性能力。最后，农业规模经营通过推动技术应用与知识溢出，增强了农村经济韧性的重构力。农业规模经营通过成立农业生产合作社以及专业化、社会化的生产性服务组织，产生了农业生产的集聚效应，有利于农业新技术、新机械的应用与推广，催生了新的生产方式并形成新的比较优势，从而开启了新的经济增长路径。

3.3.3 人口教育结构变迁对农村经济韧性的影响机制

3.3.3.1 人口教育结构变迁通过影响劳动生产效率进而影响农村经济韧性

农村人口教育结构变迁作为农村人力资本积累的重要方式，教育人力资本水平的提升将通过劳动生产效率效应更好地配置、更新和重建农业生产要素，扩大农业生产的利润空间，从而提高农村经济韧性。具体来看，新增长理论的代表人物Lucas于1988年提出了人力资本模型，将人力资本作为一种独立的生产要素纳入Cobb-Douglas模型，提出专业化人力资本增值（积累）是经济得以持续增长的真正源泉，并根据对经济增长影响方式的不同将其划分为内部效应与外部效应。一方面，通过对农村劳动力进行教育培训，提升其自身的专业知识与实用技能，实现了在固定劳动力投入量下产出水平的增长，从而提升了个体劳动生产效率（孔晓妮，2016）。另一方面，具有专业化技能的人力资本，通过技术扩散和知识溢出效应提升了整个农村社会的人力资本存量，从而提升了全社会劳动生产效率（曹献雨，2019）。

从农业劳动生产效率对农村经济韧性的影响看，劳动生产效率的提高可以促进农业生产柔性能力的提升（郝爱民、谭家银，2023），有助于提高农村人均可支配收入，增强农村地区经济发展的增长活力，从而提升农村经济韧性。具体来看，一方面，农业劳动生产效率的提高可以减少其他生产要素在农业生产中的相对投入量，同时有利于缓解农业生产要素在农村产业部门间的错配，实现农业生产要素的合理利用与优化配置；另一方面，随着农业劳动生产效率的提高，农业生产经营主体的生产规模与利润空间随之扩大，从而引起农村劳动力就业结构优化与数量增长，同时农业生产经营主体在效率与价格的比较过程中会增加现代生产技术要素的应用，有助于提升农村产业价值链，最终提升农村经济韧性（张明斗、吴庆帮、李维露，2021）。

3.3.3.2 人口教育结构变迁通过影响农业技术进步进而影响农村经济韧性

一般认为，科技自主创新以及技术模仿吸收是发展中国家推动农业技术进步的两个主要途径。Vandenbussche、Aghion和Meghir（2006）将全社会人力资本分为高技能人力资本和低技能人力资本，同时提出了前者对新技术、新工艺有明显影响，后者对已有技术的模仿与扩散有明显影响的观点。由于本书的研究主体是农村人口，且结合农村人口平均受教育水平仍然较低的特征，故认为农村的农业技术进步主要侧重于对技术的模仿与扩散。一方面，农村人力资本作为农业知识与实用技能的载体，本身具有丰富的农业生产经验与专业技能。一般来看，人力资本水平越高，对新技术、新工艺的学习与吸收能力越强，这使得农户随着平均受教育水平的提高，不仅加大了对先进机械与物化技术的应用，还提升了对农业生产环节外包服务的需求。可见，农村人力资本可以认为是已有技术模仿应用的主体。另一方面，具有专业化技能的人力资本还是技术扩散和知识溢出的保障，Nelson和Phelps（1966）研究认为人力资本存量越高的地区会促进新技术、新工艺、新信息以速度更快、范围更广的方式被传播与共享，因此农村人力资本的提升将更有利于已有先进技术的外溢。

从农业技术进步对农村经济韧性的影响看，分别从提升农村经济韧性的抵抗力、适应力、重构力三个维度进行分析。首先，农业技术进步作为农村产业结构演化的内在驱动力量，通过重构产业链、价值链关联，催生新产品、新产业、新服务并丰富了农村产业结构，促进了农村产业结构布局的多样化，更好地分散、钝化不确定性冲击带来的风险，能够预防农村产业结构单一造成的消极“锁定”，从而提升农村经济韧性的抵抗力（徐圆、邓胡艳，2020）。其次，农业技术进步通过形成农村经济系统内生产要素的有序运作模式，促进农业生产要素的自由流动，优化农业生产要素的配置效率与生产组合进而促进农业生产效率的提升，在内外部环境多变的情况下为农村经济系统调整提供物质与经济基础，从而提升农村经济韧性的适应力（程广斌、靳瑶，2022）。最后，演化韧性强调的不仅意味着恢复到之前的均衡状态，还包括在不断学习和创新的驱动下实现区域经济稳定增长的能力。Martin、Sunley和Tyler（2015）研究发现，在适应性循环的区域经济韧性演化过程中，通过资源重新利用引发新一轮技术创新，进而催生出新的生产活动并形成新的比较优势，从而开启新的经济增长路径。可见，农业技术进步将基于现有的生产基础去实现农村产业结构的适应性调整，推动农村经济系统进入新一轮的增长路径，从而提升农村经济韧性的重构力（徐圆、邓胡艳，2020）。

3.3.3.3 人口教育结构变迁通过影响产业结构升级进而影响农村经济韧性

人口教育结构变迁通过促进人力资本积累进而对产业结构升级发挥了重要作用。由于农村产业结构升级主要包括两个维度，因此从产业结构合理化与产业结构高级化分别进行分析。从合理化维度看，农村人力资本通过提高农业生产要素投入–产出耦合程度实现产业结构合理化。具体来看，随着农村人力资本变迁趋于高级，将充分促进农业生产规模（集聚）效应的产生（Moretti，2004），进而降低农业交易费用与管理成本，促进各类要素生产效率的提升与农业生产水平的增加，同时提高农业生产要素与农村产业结构的匹配程度，从而促进农村产业结构合理化。从高级化维度看，农村人力资本通过增加农业生产附加值实现产业结构高级化。具体来看，随着农村人力资本变迁趋于高级，不仅加大了对机械与物化技术的应用，还促进了农业生产性服务业的发展，实现了农业生产要素从生产效率较低部门向生产效率较高部门的转移，从而促进农村产业结构高级化（程锐、夏楠、马莉莉，2023）。

从产业结构升级对农村经济韧性的影响看，农村产业结构升级主要包括两个维度，即产业结构合理化与产业结构高级化，具体从两个维度进行分析。从合理化维度看，农村产业结构合理化主要通过提升产业协调关联程度和生产要素配置效率对农村经济韧性产生影响：一方面，农村产业结构合理化有利于形成农村多元化的产业结构（加工、生产性服务、农业+文旅/生态/教育），能够在投资组合效应的作用下分散冲击带来的风险（徐圆、张林玲，2019），从而提升农村经济韧性的抵抗力；另一方面，农村产业结构合理化不仅有利于打破农业生产要素在产业内与产业间的流动壁垒，实现农业生产要素的高效利用与优化配置，促进农村经济系统的高效运行，从而提升农村经济韧性的适应力，还有助于形成农村产业间的知识溢出效应，推动农业技术进步促进农村经济的新一轮增长，从而提升农村经济韧性的重构力。从高级化维度看，农村产业结构高级化主要通过发挥产业结构红利和改变农业产品属性对农村经济韧性产生影响：一方面，农村产业结构高级化通过纵向延伸农业产业链条形成了集生产、加工、收储、物流和销售于一体的农业全产业链，提升了农业产业体系的整体素质与竞争力，扩大了农户应对内外部风险冲击时的选择空间，有利于提升农村经济韧性的抵抗力与适应力（郝爱民、谭家银，2023）；另一方面，农村产业结构高级化通过横向拓展农业产业链条变相提升了农产品的收入需求弹性，推动了农业与经济、社会、生态、文化等多领域的融合重组，催生出农村新产业、新业态、新模式，引导农村经济进入新的发展路径，从而提升农村经济韧性的重构力（梁坤丽、刘维奇，2023）。

综上所述，农村人口年龄结构、就业结构和教育结构变迁对农村经济韧性的影响机制如图3-1所示。

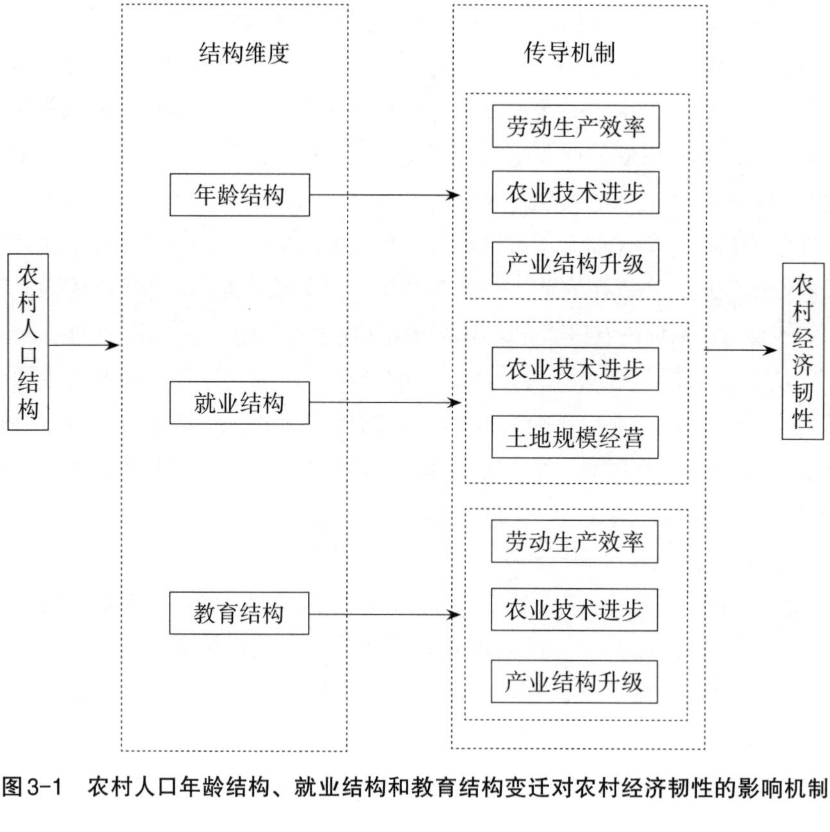

图3-1　农村人口年龄结构、就业结构和教育结构变迁对农村经济韧性的影响机制

3.4 本章小结

本章的主要工作包括两个方面：一方面，在前文系统梳理了关于区域经济韧性相关理论和研究成果的基础上，将其引入农村经济领域，对农村经济韧性的理论进行了分析，包括构成要素、面对的内外部冲击识别、应对内外部冲击的运行机制以及自身的强化路径，系统形成了农村经济韧性的理论分析体系；另一方面，从农村人口年龄结构、人口就业结构、人口教育结构三大维度出发构建了对农村经济韧性影响的理论分析框架，进一步从理论层面分别探讨了上述人口结构对农村经济韧性的影响机制，为后文进行实证检验提供了理论依据。

第4章　中国农村人口结构的变迁趋势分析

4.1　中国农村人口年龄结构的变迁趋势特征

快速推进的现代化进程对我国人口发展的影响早已从城市扩展至农村，并持续不断地对我国农村人口发展产生影响。目前，中国农村人口年龄结构呈现少子化快速发展、老龄化日益严峻、少子化与老龄化并存，与城市人口发展趋势相近的“城市化”特征（茆长宝、熊化忠，2019；刘厚莲、张刚，2021），出现了由妇女、儿童和老年人构成的农村“386199”群体。农村人口的少子老龄化现象制约着农村经济韧性的人力资本基础，引起了社会各界对农业劳动力供给问题的广泛关注，以及对“三农”发展的担忧。

4.1.1 农村人口年龄结构的时间趋势特征

20世纪80年代以来，中国农村人口年龄结构从少儿型过渡为成年型，目前已经步入老年型并处于中度老龄化的发展阶段。人口年龄结构是指在某一特定时间或某一特定区域内不同年龄段人口占总人口的比重，研究人口年龄结构通常采用年龄构成和抚养系数来反映。从年龄构成看，参照国际标准，通常将其划分0~14岁、15~64岁、65岁及以上3个年龄阶段，其中劳动年龄人口比重大，则劳动力供给充足，若老龄人口比重大，则劳动力供给减少；从抚养系数看，抚养系数是指人口总量中非劳动年龄人口数除以劳动年龄人口数，反映了一个家庭在一定时期内的家庭负担，该系数越大表明该家庭负担越重。

中国农村人口年龄结构和抚养比变迁趋势见表4–1。1982年，中国农村0~14岁少儿人口比重达到35.40%，15~64岁劳动年龄人口比重达到59.60%，65岁及以上老年人口比重仅有5%，属于典型的少儿型人口年龄结构。截至2020年，以上3个年龄段的人口比重依次为19.26%、63.01%和13.52%，分别下降了16.14个百分点、提高了3.41个百分点以及提高了8.52个百分点。下面结合图4–1进行具体分析。

表4–1 中国农村人口年龄结构和抚养比变迁趋势（%）

年份	0~14岁比重	15~64岁比重	65岁及以上比重	少儿抚养比	老年抚养比	总抚养比
1982	35.40	59.60	5.00	59.30	8.40	67.70
1990	29.60	64.70	5.70	45.80	8.90	54.60
2000	25.49	67.16	7.35	38.10	11.20	49.30
2001	24.91	67.29	7.80	37.02	11.60	48.61
2002	23.53	68.30	8.17	34.44	11.96	46.41
2003	22.62	69.00	8.39	32.79	12.15	44.94
2004	21.50	70.06	8.44	30.68	12.05	42.73
2005	22.00	68.50	9.60	32.00	13.90	46.00

续表

年份	0~14岁比重	15~64岁比重	65岁及以上比重	少儿抚养比	老年抚养比	总抚养比
2006	20.64	69.83	9.53	29.56	13.65	43.21
2007	19.97	70.41	9.62	28.36	13.66	42.02
2008	19.40	70.81	9.79	27.40	13.82	41.22
2009	18.84	71.36	9.80	26.41	13.73	40.14
2010	19.20	70.80	10.10	27.10	14.20	41.30
2011	18.82	70.83	10.36	26.57	14.62	41.19
2012	18.87	70.53	10.60	26.76	15.04	41.79
2013	18.81	70.13	11.15	26.87	15.93	42.79
2014	18.90	69.59	11.52	27.16	16.55	43.71
2015	19.18	68.78	12.03	27.89	17.49	45.38
2016	19.28	68.18	12.53	28.27	18.38	46.65
2017	19.39	67.39	13.22	28.77	19.62	48.39
2018	19.44	66.71	13.84	29.15	20.74	49.90
2019	19.30	66.00	14.70	29.30	22.30	51.50
2020	19.26	63.01	13.52	30.58	28.13	58.71

资料来源：根据历次全国人口普查资料、2001—2006年《中国人口统计年鉴》、2007—2021年《中国人口和就业统计年鉴》整理得到。

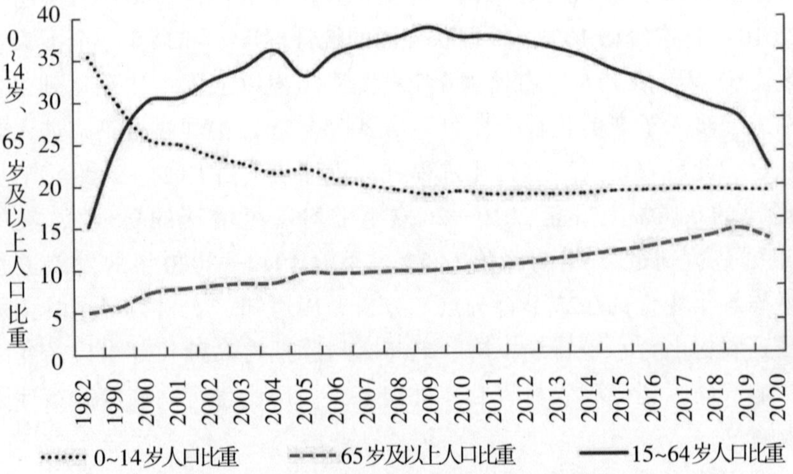

图4-1　中国农村人口年龄结构变迁趋势（%）

资料来源：根据历次全国人口普查资料、2001—2006年《中国人口统计年鉴》、2007—2021年《中国人口和就业统计年鉴》整理并绘制。

随着20世纪六七十年代的出生人口逐步进入育龄阶段，农村人口生育水平明显下降，农村0~14岁少儿人口比重也相应持续下降，1990年降至为29.60%，2007年仅为19.97%，首次降至20%以下。根据人口学关于少子化的界定，如果一个地区内0~14岁人口比重小于15%将被界定为超少子化社会，在15%~18%之间将被界定为严重少子化社会，在18%~20%之间将被界定为少子化社会，可见自2007年起，中国农村开始进入人口少子化状态。事实上，随着农村社会保障体系的逐步完善，"养儿防老"传统生育观念的动摇，生养子女家庭负担的提高以及人口城镇化进程的持续推进，农村人口生育意愿已经逐步发生变化，从农村育龄妇女生育水平（TFR）的变化不难发现，2010—2016年普遍低于1.6，仅有2014年为1.603[①]。一般而言，人口总和生育率至少要达到2.1才能完成世代更替，以保证人口整体数量不下降。

改革开放以来，中国农村15~64岁劳动年龄人口比重经历了先上升后下降的过程，1982年为59.6%，随后波动增长至2009年的最高值71.36%，直到2020年下降为63.01%，标志着2010年以后农村人口红利正在逐渐消失。

① 黄匡时.中国低生育进程的结构性特征［J］.西北人口，2020，41（3）：12-21.

中国农村65岁及以上老年人口比重一直持续增长，2000年首次超过7%，2010年首次突破10%。根据联合国的统计标准，如果在一个国家或者地区内65岁及以上人口占比大于7%或者60岁以上人口比重达到10%时，标志着步入了老龄化社会。可见自2000年起，中国农村正式进入老龄化社会。此后农村人口老龄化进程进一步加快，由1982—2009年平均每年增速的0.18%上升至2010—2020年平均每年增速的0.34%，其中2019年更是达到近20年的峰值14.7%，综合1982—2020年的发展进程看，平均每年变化约0.23个百分点。分析原因可知，农村人口老龄化进程既受到农村生育水平持续下降、老年人口预期寿命延长等人口转变因素的影响，同时还受到农村青壮年外出务工、历史生育高峰等政策性因素的影响。

从中国农村人口抚养比的变迁趋势看（见表4-1），改革开放初期（1982年），农村人口总抚养比偏高，达到67.70%，其中少儿人口抚养比为59.30%，而老年人口抚养比仅为8.40%，可见农村人口抚养负担主要来自0~14岁人口。此后，农村人口总抚养比指标持续下降，直到2009年达到最低值的40.14%，随着农村人口老龄化增速的进一步加快，又逐渐攀升至2019年的51.50%，当年少儿人口抚养比为29.30%，而老年人口抚养比升至22.30%，可见人口抚养负担主要来自65岁以上人口，同时表明中国农村人口的机会窗口已经关闭（刘厚莲、张刚，2021）。此外，从农村人口总抚养比的构成的变动趋势看，1982—2020年，农村少儿人口抚养比下降28.72%，年均下降0.76个百分点，而农村老年人口抚养比上升19.73，年均上升0.52个百分点，可见未来农村人口抚养负担将由以少儿人口抚养为主转为以老年人口抚养为主。

从2020年、2010年、2000年中国城乡人口抚养比和老龄化程度变迁趋势分析看（见表4-2），一方面，从人口抚养比来看，2020年城市人口的总抚养比、老年人口抚养比、少儿人口抚养比分别为35.97%、14.64%和21.32%，而乡镇地区平均高达52.67%、22.72%和29.95%，乡镇平均总抚养比是城市的1.46倍；2000年城市人口的总抚养比、老年人口抚养比、少儿人口抚养比分别为30.29%、8.69%和21.61%，而乡镇地区平均为43.76%、9.74%和34.02%，乡镇平均是城市的1.44倍。可见，虽然城市与农村均进入少子老龄化阶段即人口深度老化状态，但农村地区的少儿人口负担与老年人口负担均较重于城市，同时随着乡城人口迁移和城镇化进程的加快，农村人口负担将会呈现更加严峻的态势。另一方面，从人口老龄化系数来看，城市和镇的老年人口比重均显著低于全国水平，相反农村地区老年人口比重不仅始终高于同期城镇，而且还明显高于全国水平，可见城市和乡村呈现出人口老龄化程度的非均衡特征，即经济发展水平相对滞后的农村的人口老龄化水平却显著高于经济水平较为发达的城镇，这与发达国家中经济发展水平与人口老龄化水平呈现同步发展的正相关关系的规律相违背，即随着农村人口老龄化程度日渐加深，中国人口老龄化呈现出“城（镇）乡倒置”现象（茆长宝、熊化忠，2019；赵周华、霍兆昕，2019）。分析其原因，这种现象是在中国城乡二元制度的特殊背景下，人口乡城迁移在性别、年龄等方面具有明显的选择性，农村迁出的大部分人口为男性青壮年劳动力。同时，对比2000年、2010年和2020年城乡、村镇间老龄人口比重的差值可知，从“五普”相差0.68%与1.36%到“六普”相差2.38%与2.08%再到“七普”相差6.95%与5.91%，城乡间人口老龄化水平差距急剧提升，意味着未来中国人口老龄化“城（镇）乡倒置”现象将日益严峻。

表4-2　　2020年、2010年、2000年中国城乡人口抚养比和老龄化程度（%）

	2020年			
	少儿抚养比	老年人口抚养比	总抚养比	老龄人口占比
全国	26.24	19.74	45.98	13.52
城市	21.32	14.64	35.97	10.77
镇	29.32	17.31	46.63	11.81
乡村	30.58	28.13	58.71	17.72
	2010年			
全国	22.3	11.98	34.28	8.92
城市	15.27	9.59	24.86	7.68
镇	22.45	10.62	33.07	7.98
乡村	27.07	14.21	41.29	10.06

续表

	2020年			
	少儿抚养比	老年人口抚养比	总抚养比	老龄人口占比
	2000年			
全国	32.71	10.15	42.86	7.10
城市	21.61	8.69	30.29	6.67
镇	29.93	8.28	38.22	5.99
乡村	38.10	11.20	49.30	7.35

资料来源：根据2020年、2010年、2000年全国人口普查数据计算。

4.1.2 农村人口年龄结构的空间分布特征

由表4-1可知，2000—2020年，农村人口生育水平明显下降，中国农村0~14岁少儿人口比重呈现显著下降趋势，下降幅度为6.23个百分点。从各省（自治区、直辖市）农村0~14岁人口比重分布特征及变化趋势看（如图4-2所示），全国各省（自治区、直辖市）农村0~14岁少儿人口比重均有不同程度的下降，与同期各省（自治区、直辖市）农村生育率水平下降趋势结果基本一致。与2000年相比，2020年农村0~14岁人口比重下降幅度最大和最小的分别是山西省（13.54%）和河南省（1.84%）。2000年农村0~14岁人口比重最高的西藏自治区（33.44%）比该时期农村0~14岁人口比重最低的上海市（12.29%）高21.15个百分点；2020年农村0~14岁人口比重最高的西藏自治区（28.54%）比该时期农村0~14岁人口比重最低的上海市（5.62%）高22.92个百分点。根据人口学关于少子化的界定，相比于2000年，2020年全国超少子化省（自治区、直辖市）由1个增加至9个，其中东部地区数量较多，分别为北京市、上海市、辽宁省、江苏省、浙江省；严重少子化省（自治区、直辖市）由0个增加至6个；少子化省（自治区、直辖市）由2个减少至1个；只有东部地区的河北省、广东省、海南省和中部地区的河南省、江西省、安徽省以及西部地区的西藏自治区、广西壮族自治区、贵州省、青海省、宁夏回族自治区、新疆维吾尔自治区尚未进入少子化社会。

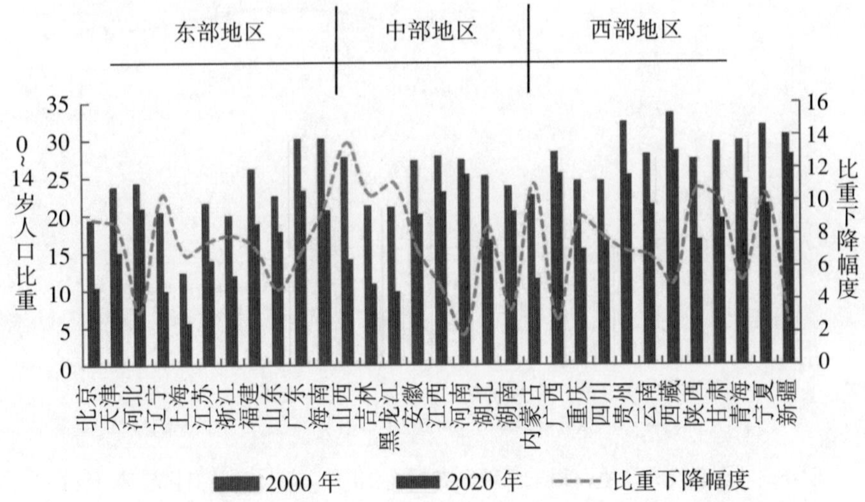

图4-2 各省（自治区、直辖市）农村0~14岁人口比重分布特征及变化趋势（%）

资料来源：根据2001—2006年《中国人口统计年鉴》、2007—2021年《中国人口和就业统计年鉴》计算并绘制。

分地区来看（如图4-3所示），根据人口学的统计标准，2020年东部地区已进入严重少子化社会，中部地区处于少子化社会，而西部地区尚未进入少子化社会。2020年，中国东、中、西部地区农村0~14岁人口比重分别为17.56%、19.82%、21.88%，呈现出“西高东低”的空间分布特征，其中仅东部地区农村0~14岁人口比重低于全国均值。相比于2000年，三大地区（东、中、西）农村0~14岁人口比重分别降低了6.1个百分点、4.49个百分点、5.48个百分点，下降幅度由大到小依次为东、西、中部地区。

从地区内部看（如图4-2所示），2020年，东部地区农村0~14岁人口比重最高的广东省（23.29%）比该区域内农村0~14岁人口比重最低的上海市（5.62%）高17.67个百分点；中部地区农村0~14岁人口比重最高的河南省（25.43%）比该区域内农村0~14岁人口比重最低的黑龙江省（9.88%）高15.55个百分点；西部地区农村0~14岁人口比重最高的西藏自治区（28.54%）比该区域内农村0~14岁人口比重最低的内蒙古自治区（11.51%）高17.03个百分点；区域内人口比重分布差异性按照东、西、中部地区的顺序依次递减。

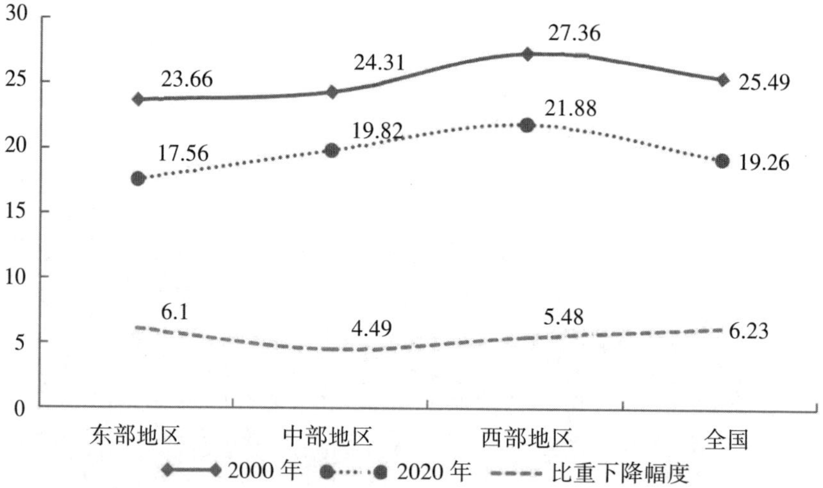

图4-3 全国及东、中、西三大地区农村0~14岁人口比重及变化趋势（%）

资料来源：根据2001—2006年的《中国人口统计年鉴》、2007—2021年的《中国人口和就业统计年鉴》计算并绘制。

由表4-1可知，2000—2020年，中国农村65岁及以上人口比重呈现显著上升趋势，上升幅度为6.17个百分点。从各省（自治区、直辖市）农村65岁及以上人口比重分布特征及变化趋势看（如图4-4所示），全国各省（自治区、直辖市）农村65岁及以上人口比重均有不同程度的上升，呈现出普遍人口老龄化趋势。与2000年相比，2020年农村65岁及以上人口比重上升幅度最大和最小的分别是重庆市（18.03%）和西藏自治区（1.29%）。2000年农村65岁及以上人口比重最高的上海市（13.73%）比该时期农村65岁及以上人口比重最低的青海省（4.28%）高9.45个百分点；2020年农村65岁及以上人口比重最高的重庆市（26.07%）比该时期农村65岁及以上人口比重最低的西藏自治区（6.18%）高19.89个百分点。根据联合国对人口老龄化的统计标准，2000年，全国农村未进入老龄化社会的省（自治区、直辖市）有14个，包括中部地区的山西省、吉林省、黑龙江省、江西省、湖北省以及西部地区除广西壮族自治区、重庆市、四川省以外的其他省（自治区、直辖市）。2020年，全国农村除西藏自治区（6.18%）尚未进入老龄化社会之外，其余30个省（自治区、直辖市）全部进入老龄化社会，特别是重庆市（26.07%）和江苏省（24.51%）两省市农村的老龄化问题已相对严重。

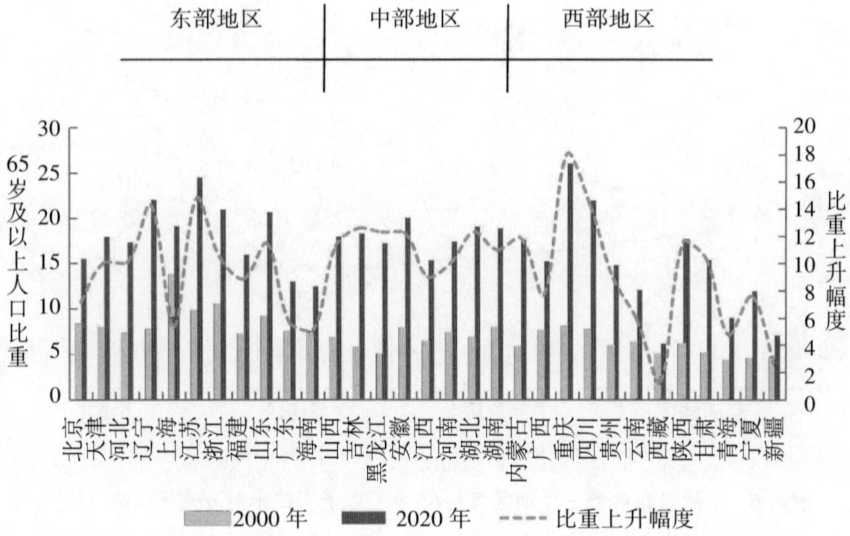

图4-4　各省（自治区、直辖市）农村65岁及以上人口比重分布特征及变化趋势（%）

资料来源：根据2001—2006年《中国人口统计年鉴》、2007—2021年《中国人口和就业统计年鉴》计算并绘制。

分地区来看（如图4-5所示），2020年，中国东、中、西部地区农村65岁及以上人口比重分别为18.62%、18.09%、10.93%，呈现出“东高西低”的空间分布特征，其中仅中部地区农村65岁及以上人口比重高于全国均值。相比于2000年，三大地区（东、中、西部地区）农村65岁及以上人口比重分别上升了10.14个百分点、10.91个百分点、4.36个百分点，上升幅度由大到小依次为中、东、西部地区。

从地区内部看（如图4-4所示），2020年，东部地区农村65岁及以上人口比重最高的江苏省（24.51%）比该区域内农村65岁及以上人口比重最低的海南省（12.48%）高12.03个百分点；中部地区农村65岁及以上人口比重最高的安徽省（20.03%）比该区域内农村65岁及以上人口比重最低的江西省（15.33%）高4.70个百分点；西部地区农村65岁及以上人口比重最高的重庆市（26.07%）比该区域内农村65岁及以上人口比重最低的西藏自治区（6.18%）高19.89个百分点；区域内人口比重分布差异性按照西、东、中部地区的顺序依次递减。

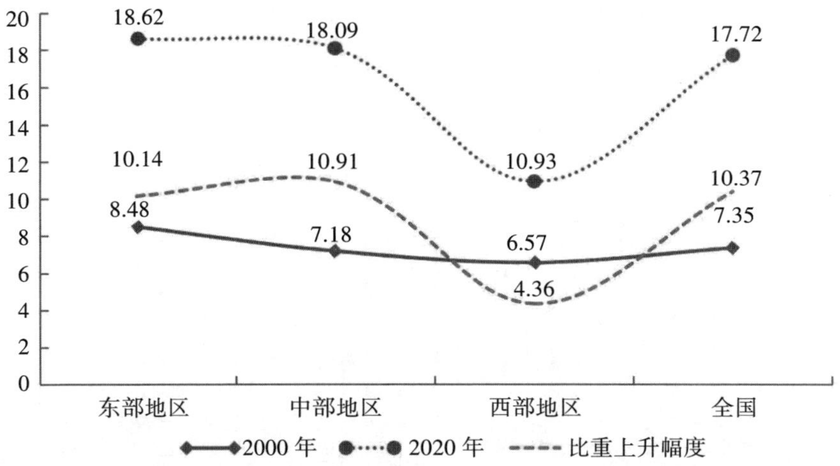

图4-5　全国及东中西三大地区农村65岁及以上人口比重及变化趋势（%）

资料来源：根据2001—2006年的《中国人口统计年鉴》、2007—2021年的《中国人口和就业统计年鉴》计算并绘制。

4.2　中国农村人口就业结构的变迁趋势特征

在城镇化政策和工业化政策的共同驱使下，现代化的进程早已深入农村，给农村经济发展带来了深刻影响。目前，中国农村人口就业结构呈现乡村人口总量不断下降、经济活动人口快速减少、农业就业人员比重持续降低以及非农就业人员比重显著提升的“三降一升”的变化趋势（赵周华，2018）。农村人口就业趋势的变迁，使得农村剩余劳动力数量持续下降，甚至出现了“农民荒”“土地抛荒”“产业衰败”“房屋闲置”等村庄空心化现象（郑殿元等，2019），严重削弱了农村经济韧性的人口数量基础，这与城市人口聚集、产业蓬勃的发展现象形成鲜明对比（茆长宝、熊化忠，2019）。

4.2.1 农村人口就业结构的时间趋势特征

根据统计数据（见表4-3）可知，2000年，中国乡村总人口80 837万人，乡村从业人员48 934万人，截至2020年，中国乡村总人口50 979万人，乡村从业人员28 793万人，20年间中国乡村总人口数与乡村从业人员数一直呈现急剧下降趋势，分别减少了36.94%和41.16%，年均下降达到1.85个百分点和2.06个百分点，且后者快于前者0.21个百分点。分析原因可知，一方面，随着农村社会保障体系的逐步完善、"养儿防老"等传统观念的动摇、抚养子女成本的提升以及人口城镇化进程的推进，农村人口生育意愿逐步发生变化；另一方面，随着我国户籍制度的改革，农村人口外出务工的制度性障碍逐步弱化，农村人口流动的频率与规模逐步增加，使得农村经济活动人口持续减少。

表4-3 中国农村人口就业结构变迁趋势

年份	乡村人口数（万人）	乡村从业人员（万人）	从业人员占乡村总人口比重（%）	农业就业人员（万人）	就业人员占乡村从业人员比重（%）	非农就业人员（万人）	非农就业人口比重（%）
2000	80 837	48 934	60.53	36 043	73.66	12 891	26.34
2001	79 563	48 674	61.18	36 399	74.78	12 275	25.22
2002	78 241	48 121	61.50	36 640	76.14	11 481	23.86
2003	76 851	47 506	61.82	36 204	76.21	11 302	23.79
2004	75 705	46 971	62.04	34 830	74.15	12 141	25.85
2005	74 544	46 258	62.05	33 442	72.29	12 816	27.71
2006	73 160	45 348	61.98	31 941	70.44	13 407	29.56
2007	71 496	44 368	62.06	30 731	69.26	13 637	30.74
2008	70 399	43 461	61.74	29 923	68.85	13 538	31.15
2009	68 938	42 506	61.66	28 890	67.97	13 616	32.03
2010	67 113	41 418	61.71	27 931	67.44	13 487	32.56

续表

年份	乡村人口数（万人）	乡村从业人员（万人）	从业人员占乡村总人口比重（%）	农业就业人员（万人）	就业人员占乡村从业人员比重（%）	非农就业人员（万人）	非农就业人口比重（%）
2011	64 989	40 193	61.85	26 472	65.86	13 721	34.14
2012	63 747	38 967	61.13	25 535	65.53	13 432	34.47
2013	62 224	37 774	60.71	23 838	63.11	13 936	36.89
2014	60 908	36 646	60.17	22 372	61.05	14 274	38.95
2015	59 024	35 404	59.98	21 418	60.50	13 986	39.50
2016	57 308	34 194	59.67	20 908	61.15	13 286	38.85
2017	55 668	32 850	59.01	20 295	61.78	12 555	38.22
2018	54 108	31 490	58.20	19 515	61.97	11 975	38.03
2019	52 582	30 198	57.43	18 652	61.77	11 546	38.23
2020	50 979	28 793	56.48	17 715	61.53	11 078	38.47

资料来源：根据《中国农村统计年鉴2021》整理和计算得到。

一般来说，农村劳动力主要从事农业生产活动，随着城镇化进程的持续推进以及城乡第二、三非农产业的快速发展，农村人口的就业结构发生了质的变化，逐步改变了农村劳动力以农业为主的单一就业格局，使得大量的农村剩余劳动力迅速向城市和农村的工业、建筑业及服务业部门移动。2000年，中国农业就业人员36 043万人，非农就业人员12 891万人，分别占乡村从业人员总量的73.66%和26.34%；截至2020年，中国农业就业人员17 715万人，非农就业人员11 078万人，分别占乡村从业人员总量的61.53%和38.47%（见表4–3）。经过20年的变迁，农业就业人员比重降低了12.13个百分点，非农就业人员比重提高了12.13个百分点，呈现出第一产业就业人数快速下降、第二和三产业就业人数显著提升的变化趋势。

具体分析可知，中国自进入20世纪90年代以来，随着经济的迅速发展和所有制结构的变革，农村劳动力流动趋势迅速发展，第一产业（农业）就业人员比重的下降并非表明中国农业发展水平的降低，相反农村剩余劳动力数量的转移为农村发展带来多重红利，刺激了农村经济的发展，增加了农村居民的收入。伴随着乡村振兴战略的实施，农业科技水平的提升、农业产业链条的延伸以及新型农业经营体系的建立，将进一步丰富农村人口的就业选择，农村人口就业结构将再次得到优化与升级。但是，由于农村第二、三产业（非农）就业人员内包括外出务工人员与本地非农就业人员，伴随着农村外出务工人员的过度外流，农村将出现诸如“土地抛荒”“空心化”等现象（陈涛、陈池波，2017），严重削弱农村经济系统抵御内外界冲击的实践主体以及开启新发展路径的保障力量，最终将制约农村经济韧性的提升。

4.2.2　农村人口就业结构的空间分布特征

由表4-3可知，2000—2020年，随着城镇化进程的持续推进以及城乡第二、三产业的快速发展，中国农村非农就业人员呈现显著提升趋势，上升幅度为12.13个百分点。从各省（自治区、直辖市）农村非农就业人员比重分布特征及变化趋势看（如图4-6所示），除黑龙江省（-16.34%）、吉林省（-7.93%）、辽宁省（-16.72%）、内蒙古自治区（-13.70%）、甘肃省（-9.09%）外，全国其余各省（自治区、直辖市）农村非农就业人员比重均有不同程度的提升。与2000年相比，2020年农村非农就业人员比重变化幅度最大和最小的分别是河北省（34.34%）和湖北省（0.48%）。2000年，农村非农就业人员比重最高的上海市（66.90%）比该时期农村非农就业人员比重最低的西藏自治区（10.62%）高56.28个百分点；2020年，农村非农就业人员比重最高的上海市（84.30%）比该时期农村非农就业人员比重最低的黑龙江省（2.18%）高82.12个百分点。相比于2000年，2020年非农就业人员比重中最高省（自治区、直辖市）与最低省（自治区、直辖市）的差距有所扩大。

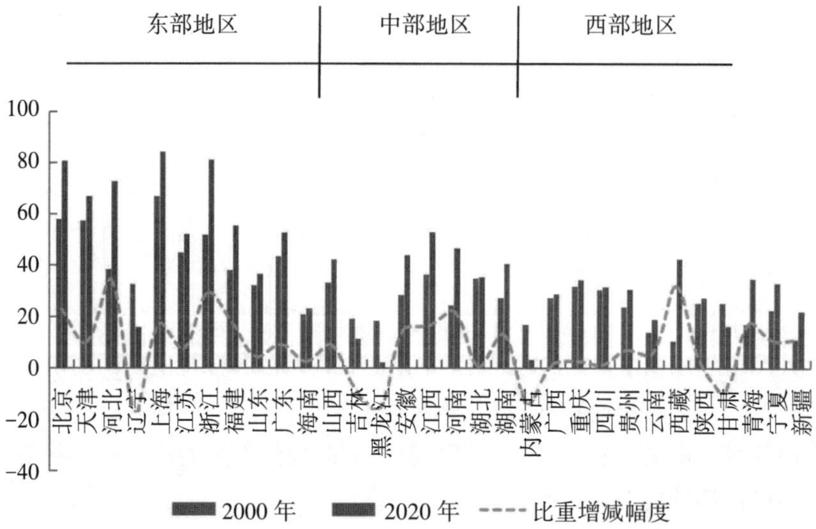

图4-6 各省（自治区、直辖市）农村非农就业人员比重分布特征及变化趋势（%）

资料来源：根据2001—2021年的《中国农村统计年鉴》、2001—2021年的各省（市、自治区）统计年鉴整理和计算得到。

分地区来看（如图4-7所示），2020年，中国东、中、西部地区农村非农就业人员比重分别为55.76%、39.34%、26.03%，呈现出“东高西低”的空间分布特征，其中仅东部地区农村非农就业人员比重高于全国均值。相比于2000年，分别增加了14.83个百分点、11.35个百分点、1.04个百分点，上升幅度由大到小依次为东、中、西部地区。

从地区内部看（如图4-6所示），2020年，东部地区农村非农就业人员比重最多的上海市（84.30%）比该区域内农村非农就业人员比重最少的辽宁省（15.87%）高68.43个百分点，其中近半数省（自治区、直辖市）农村非农就业人员比重高于东部均值；中部地区农村非农就业人员比重最多的江西省（53%）比该区域内农村非农就业人员比重最少的黑龙江省（2.18%）高50.82个百分点，其中仅有2个省（自治区、直辖市）农村非农就业人员比重低于中部均值；西部地区农村非农就业人员比重最多的西藏自治区（42.5%）比该区域内农村非农就业人员比重最少的内蒙古自治区（3.28%）高39.22个百分点，其中近2/3的省（自治区、直辖市）农村非农就业人员比重高于西部均值；区域内人员比重分布差异性按照东、中、西部地区的顺序依次递减。

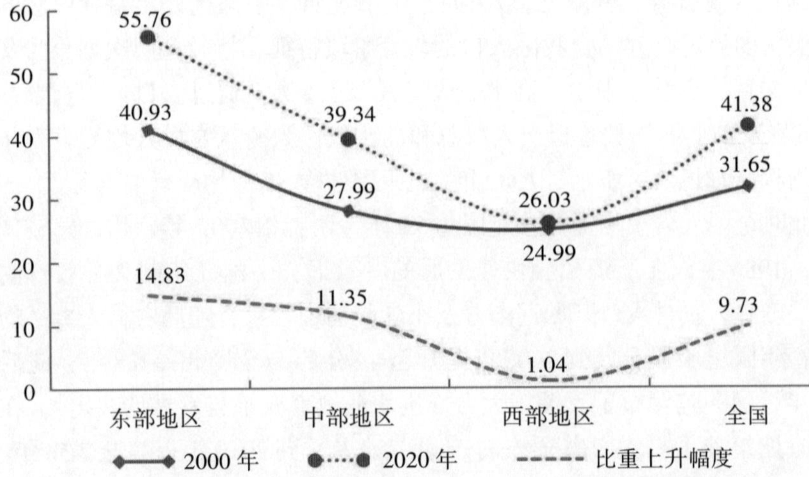

图4-7 全国及东中西三大地区农村非农就业人员比重及变化趋势（%）

资料来源：根据2001—2021年的《中国农村统计年鉴》、2001—2021年的各省（市、自治区）统计年鉴整理和计算得到。

4.3 中国农村人口教育结构的变迁趋势特征

农村人力资本作为农村经济系统的重要组成部分，随着农村经济社会的发展，劳动力素质的重要性逐渐凸显。目前，中国农村人口教育结构呈现平均受教育水平总体偏低、技术型与专业型教育阶段人口数量偏少、农业农村人才总量匮乏且结构失衡，与城市人口发展趋势相反的“逆城市化”特征（茆长宝、熊化忠，2019；汤兆云，2019；刘厚莲、张刚，2021）。农村人口的上述特征严重削弱了农村经济韧性的人口质量基础，成为制约农村经济韧性提升的显著障碍。

4.3.1 农村人口教育结构的时间趋势特征

现有研究中，人口平均受教育年限是衡量人口教育结构变动的重要指标，受教育程度高的人口比重越大，人力资本存量就越高，人均受教育年限就越长（魏君英、韩丽艳，2019）。本书参照《中国统计年鉴》中对各教育层次的界定，并结合我国人口的教育阶段特征，将教育层次划分为文盲或半文盲、小学、中学、高中、大专及以上5类，通过农村人力资本存量与6岁及以上不同教育层次人口总和的比值作为衡量农村人均受教育年限的指标。如图4-8所示，1982年，中国农村人口平均受教育年限为4.9年，此时全国人口平均受教育年限为5.2年，两者相差0.3年，均处于较低水平；1986年，在经济社会快速发展的背景下，中国九年制义务教育制度正式确立，农村人口开始逐渐普及小学与初中教育，随后农村人口平均受教育年限稳步提升，到2000年提升至6.8年，与全国相差0.8年；此后2002年，国务院发布了《关于大力推进职业教育改革与发展的决定》，在一定时期培养了一大批普通农村产业劳动者，到2010年提高至7.56年、2020年为7.58年，但仍与同期全国人口平均受教育年限相差1.14年和1.42年。值得注意的是，农村人口平均受教育年限与全国的差距呈现逐步扩大趋势，由1982年的0.3年提高到2020年的1.4年。分析原因可知，一方面囿于城乡间公共服务领域发展的非均衡性，农村教育事业发展滞后；另一方面在乡城人口迁移的背景下，受教育程度较高的农村青壮年劳动力向城市流动，导致农村留守的往往是受教育程度普遍不高的妇女、儿童和老年群体（刘厚莲、张刚，2021）。

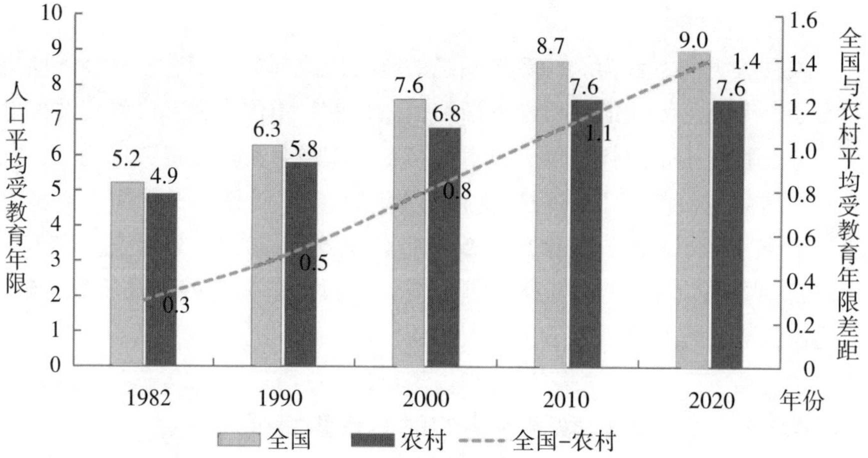

图4-8 中国农村6岁及以上人口平均受教育年限变动趋势（单位：年）

资料来源：根据历次全国人口普查数据计算并绘制。

进一步，本书参照Barro和Lee（2001）对不同人力资本层次的划分方法，将教育结构划分为三个阶段即基础型教育阶段（接受过小学及初中教育的人口）、技术型教育阶段（接受过高中及同等层次教育的人口）以及专业型教育阶段（接受过大专及以上层次教育的人口），并采用教育指标法所测算的各阶段人力资本存量占比进行分析（孔晓妮，2016）。从中国农村人口教育结构变迁趋势分析（见表4-4），2000年，基础型教育人力资本占比、技术型教育人力资本占比和专业型教育人力资本占比分别是88.65%、10.17%、1.18%；截至2020年，以上3个阶段人力资本占比依次为76.61%、13.98%、9.41%，分别下降了12.04个百分点、提高了3.81个百分点以及提高了8.23个百分点，变化幅度由大到小依次为基础型教育、专业型教育和技术型教育，同时技术型教育和专业型教育人力资本的上升幅度之和仅仅可以抵消基础型教育人力资本的下降幅度。值得注意的是，得益于农村义务教育制度的普及和人口受教育意识的增强，虽然基础型教育人力资本占比呈现显著的下降趋势，但在2020年所占比例仍然超过3/4，换句话说，农村社会中仍然存在近75%的受教育水平仅为初中及以下人口，表明农村人口平均受教育水平普遍偏低的特征较为明显。此外经计算发现，基础型教育人力资本存量的下降速度自2010年以后开始加快，而技术型教育与专业型教育人力资本存量的上升速度则保持平稳。

表4-4　　**中国农村人口教育结构变迁趋势（%）**

年份	基础型教育人力资本占比	技术型教育人力资本占比	专业型教育人力资本占比
2000	88.65	10.17	1.18
2001	88.53	10.02	1.46
2002	88.05	10.38	1.57
2003	87.61	11.00	1.39
2004	86.79	11.30	1.91
2005	87.15	11.17	1.68
2006	85.77	12.16	2.07
2007	84.73	13.00	2.26
2008	84.15	13.41	2.44

续表

年份	基础型教育人力资本占比	技术型教育人力资本占比	专业型教育人力资本占比
2009	83.55	13.47	2.98
2010	83.66	12.26	4.08
2011	82.20	13.31	4.50
2012	81.60	13.96	4.44
2013	80.65	14.67	4.68
2014	79.59	15.47	4.93
2015	77.21	15.98	6.81
2016	77.66	16.27	6.08
2017	76.25	17.04	6.70
2018	74.95	16.90	8.14
2019	73.86	17.24	8.90
2020	76.61	13.98	9.41

资料来源：根据2001—2006年《中国人口统计年鉴》、2007—2021年《中国人口和就业统计年鉴》整理并计算得到。

值得注意的是，党的十八大以来，随着农业农村现代化、乡村全面振兴战略的推进，国家逐渐开始重视农业农村人才工作，将农业农村人才视为强农兴农根本。根据政府文件对农业农村人才的界定，主要分为农村实用人才（生产型人才、经营型人才、技能服务型人才、社会服务型人才和技能带动型人才）和农业科技人才（掌握农业行业的某一专业知识和技能，专门从事农业科研、教育、推广服务等专业性工作的人员）（郜亮亮、杜志雄，2017）。“十三五”期间，一方面，农村实用人才总量达到2 254万人，占农村就业人口比重的2.87%，其中占比位居前两名的分别是生产型与经营型人才，合计约超过总量一半，而技能服务型人员占比却不到1/4，同时农村实用人才中处于专业型教育阶段的人数占比不高，仅为4.7%；另一方面，根据2011年中组部等五部委印发的《农村实用人才和农业科技人才队伍建设中长期规划（2010—2020年）》，农业科技人才总量由2008年的62.6万人变化增长至2020年的70万人，其中现代农业产业技术创新人才和农业资源开发保护骨干人才（急需紧缺人才）由2008年的0.06万人增长至2020年的1.3万人，两类人群增长速度虽然较快，但在农村就业人口的占比依旧较低。综上，当前中国农业农村人才不仅表现出总量相对匮乏，还表现出结构失衡、教育水平较低的特点（茆长宝、熊化忠，2019）。

4.3.2 农村人口教育结构的空间分布特征

由表4-4可知，2001—2020年，中国农村基础型教育人力资本比重呈现整体下降趋势，以年均0.6%的速度下降了11.92个百分点。从各省（自治区、直辖市）农村基础型教育人力资本比重分布特征及变化趋势看（如图4-9所示），全国各省（自治区、直辖市）农村基础型教育人力资本比重均有不同程度的下降。与2001年相比，2020年农村基础型教育人力资本比重变化幅度最大和最小的分别是北京市（26.55%）和江西省（6.41%）。2001年农村基础型教育人力资本比重较高的3个省（自治区、直辖市）分别是西藏自治区（97.19%）、贵州省（94.73%）、云南省（92.64%），同年农村基础型教育人力资本比重较低的3个省（自治区、直辖市）分别是北京市（78.62%）、上海市（82.53%）、江西省（83.23%），最高省（自治区、直辖市）与最低省（自治区、直辖市）相差18.57个百分点；2020年农村基础型教育人力资本比重较高的3个省（自治区、直辖市）分别是辽宁省（83.68%）、云南省（82.08%）、河北省（82.06%），同年农村基础型教育人力资本比重较低的3个省（自治区、直辖市）分别是北京市（52.08%）、上海市（64.96%）、浙江省（70.04%），最高省（自治区、直辖市）与最低省（自治区、直辖市）相差31.60个百分点；相比于2001年，2020年农村基础型教育人力资本比重中最高省（自治区、直辖市）与最低省（自治区、直辖市）的差距有所扩大。

分地区来看（如图4-10所示），2020年，中国东、中、西部地区农村基础型教育人力资本比重分别为75.39%、76.39%、78.29%，呈现出“西高东低”的空间分布特征，其中仅西部地区农村基础型教育人力资本比重高于全国均值。相比于2001年，分别减少了12.52个百分点、11.40个百分点、11.93个百分点，下降幅度由大到小依次为东、西、中部地区。

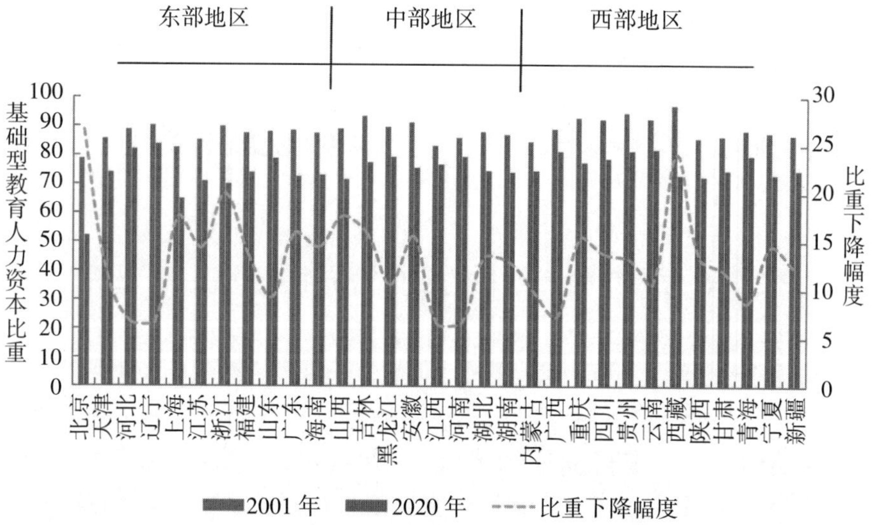

图4-9　各省（自治区、直辖市）农村基础型教育人力资本分布特征及变化趋势（%）

资料来源：根据2002—2006年的《中国人口统计年鉴》、2007—2021年的《中国人口和就业统计年鉴》计算并绘制。

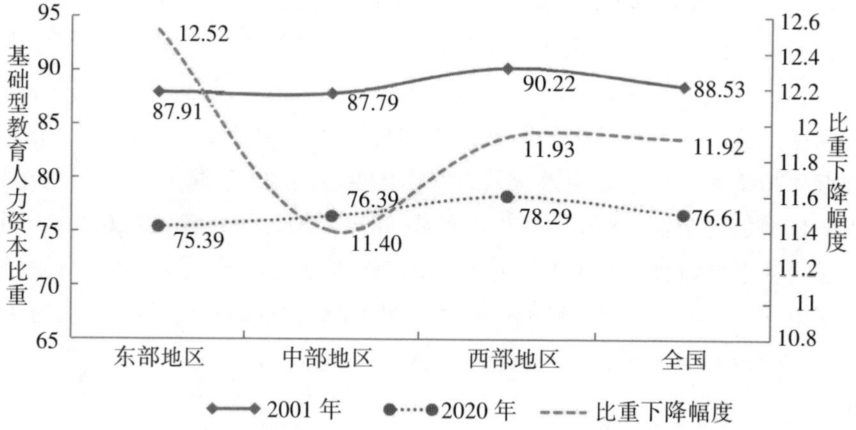

图4-10　全国及东中西三大地区农村基础型教育人力资本比重及变化趋势（%）

资料来源：根据2002—2006年的《中国人口统计年鉴》、2007—2021年的《中国人口和就业统计年鉴》计算并绘制。

从地区内部看（如图4-9所示），2020年，东部地区农村基础型教育人力资本比重最高的辽宁省（83.68%）比该区域内农村基础型教育人力资本比重最低的北京市（52.08%）高31.6个百分点，其中仅有3个省（自治区、直辖市）农村基础型教育人力资本比重高于东部均值；中部地区农村基础型教育人力资本比重最高的河南省（79.55%）比该区域内农村基础型教育人力资本比重最低的山西省（71.58%）高7.97个百分点，其中近半数省（自治区、直辖市）农村基础型教育人力资本比重高于中部均值；西部地区农村基础型教育人力资本比重最高的云南省（82.08%）比该区域内农村基础型教育人力资本比重最低的陕西省（72.63%）高9.45个百分点，其中近2/5的省（自治区、直辖市）农村基础型教育人力资本比重高于西部均值；区域内人口比重分布差异性按照东、西、中部地区的顺序依次递减。

由表4-4可知，2001—2020年，中国农村专业型教育人力资本比重整体呈现上升的趋势，以年均0.39%的速度上升了7.95个百分点。从各省（自治区、直辖市）农村专业型教育人力资本比重分布特征及变化趋势看（如图4-11所示），全国各省（自治区、直辖市）农村专业型教育人力资本比重均有不同程度的上升。与2001年相比，2020年农村专业型教育人力资本比重变化幅度最大和最小的分别是北京市（23.08%）和江西省（3.56%）。2001年农村专业型教育人力资本比重较高的3个省（自治区、直辖市）分别是江西省（4.79%）、新疆维吾尔自治区（3.76%）、北京市（2.74%），同年农村专业型教育人力资本比重较低的3个省（自治区、直辖市）分别是西藏自治区（0.26%）、贵州省（0.37%）、重庆市（0.56%），最高省（自治区、直辖市）与最低省（自治区、直辖市）相差4.53个百分点；2020年农村专业型教育人力资本比重较高的3个省（自治区、直辖市）分别是北京市（25.82%）、西藏自治区（17.62%）、上海市（17.05%），同年农村专业型教育人力资本比重较低的3个省（自治区、直辖市）分别是河北省（6.44%）、河南省（7.05%）、广西壮族自治区（7.24%），最高省（自治区、直辖市）与最低省（自治区、直辖市）相差19.38个百分点；相比于2001年，2020年农村专业型教育人力资本比重中最高省（自治区、直辖市）与最低省（自治区、直辖市）的差距有所扩大。

分地区来看（如图4-12所示），2020年，中国东、中、西部地区农村专业型教育人力资本比重分别为9.80%、8.80%、9.63%，呈现出“东西高，中部低”的空间分布特征，其中仅中部地区农村专业型教育人力资本比重低于全国均值。相比于2001年，分别增加了8.47个百分点、

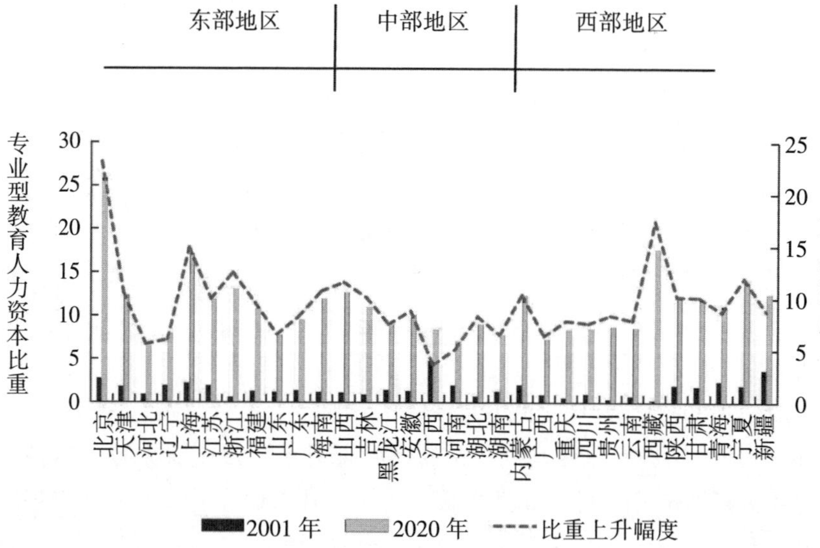

图4-11　各省（自治区、直辖市）农村专业型教育人力资本分布特征及变化趋势（%）

资料来源：根据2002—2006年的《中国人口统计年鉴》、2007—2021年的《中国人口和就业统计年鉴》计算并绘制。

7.05个百分点、8.40个百分点，上升幅度由大到小依次为东、西、中部地区。

从地区内部看（如图4-11所示），2020年，东部地区农村专业型教育人力资本比重最高的北京市（25.82%）比该区域内农村专业型教育人力资本比重最低的河北省（6.44%）高19.38个百分点，其中仅有4个省（自治区、直辖市）农村专业型教育人力资本比重低于东部均值；中部地区农村专业型教育人力资本比重最高的山西省（12.68%）比该区域内农村专业型教育人力资本比重最低的河南省（7.05%）高5.63个百分点，其中仅有3个省（自治区、直辖市）农村专业型教育人力资本比重低于中部均值；西部地区农村专业型教育人力资本比重最高的西藏自治区（17.62%）比该区域内农村专业型教育人力资本比重最低的广西壮族自治区（7.24%）高10.38个百分点，其中过半数省（自治区、直辖市）农村专业型教育人力资本比重高于西部均值；区域内人口比重分布差异性按照东、西、中部地区的顺序依次递减。

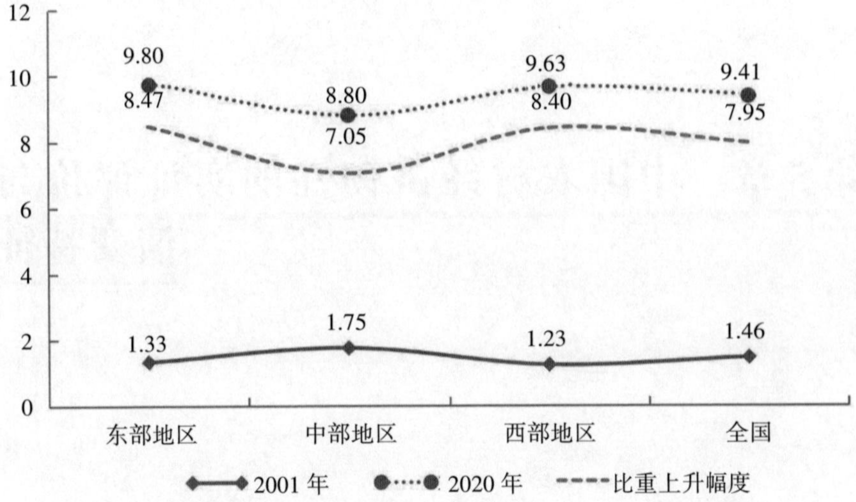

图4-12　全国及东中西三大地区农村专业型教育人力资本比重变化趋势（%）

资料来源：根据2002—2006年的《中国人口统计年鉴》、2007—2021年的《中国人口和就业统计年鉴》计算并绘制。

4.4　本章小结

本章采用定性和定量分析相结合的研究方法，分别对中国农村人口年龄结构、就业结构和教育结构从时间趋势与空间分布两个方面进行了分析，为后文研究农村人口结构变迁对农村经济韧性影响的总体效应、异质性效应和作用路径奠定了现实基础。研究发现：农村三大人口结构分别呈现少子化与老龄化并存、非农就业人口比重显著提升、受教育水平普遍偏低的时间变迁趋势，且空间分布特征存在显著的非均衡性。

第5章　中国农村经济韧性的实证评价与演变特征

5.1　农村经济韧性评价体系的构建

构建科学合理的农村经济韧性综合评价体系的重点在于科学地选择评价指标，但指标选取的侧重点根据不同学者对农村经济韧性构成要素的理解差异而有所不同。具体到本书，一方面，根据前文对农村经济韧性概念的梳理与界定，农村经济韧性是指农村经济系统面对内外部冲击扰动时的抵抗复原并调整结构与功能适应环境变化从而开启新发展路径的能力，包括抵抗力、适应力、重构力三个维度，同时农村经济韧性作为农村经济系统的固有属性，是由农村经济正常运行过程中自发形成的，并随着农村经济系统的内部结构调整而发生变化，并不存在唯一的均衡状态。另一方面，农村经济系统作为农村经济韧性的物质载体，所有的农村经济韧性都是由农村经济系统构成要素所共同体现出来的特性（张振、赵儒煜，2021），根据前文对农村经济系统构成要素的辨别，可以确定农村经济系统主要由供给系统和社会系统构成，即农村经济韧性主要体现在农村供给系统和农村社会系统两个方面。因此，本章没有采用敏感度指数法即基于某种核心因素的变化程度来进行测度，而是采用指标体系法选取能够衡量上述两个构成系统的一系列指标来构建农村经济韧性综合评价体系。

5.1.1 评价指标的选取原则

鉴于评价指标尚无统一的选择标准，为避免选取指标的相互叠加、错选、缺乏代表性以及因果混淆等问题，本章主要遵循以下三个原则，以期构建出科学的、系统的、可行的农村经济韧性测度体系。

5.1.1.1 科学性原则

测度体系的构建需要坚持科学性原则，整理并借鉴国内外已有对区域经济韧性、农村经济韧性、农业经济韧性、县域经济韧性评价体系构建的研究成果，紧密结合本书的农村经济韧性概念与构成要素，明确准则层、指标层内各指标的科学内涵，选取最有代表性的指标，更好地反映农村经济韧性整体特征及各维度的发展水平。特别地，指标的选取数量要适当，避免出现相互重叠、相互干扰的情况。此外，还要注重数据处理方法的科学性。

5.1.1.2 系统性原则

农村经济系统是一个包含众多因素的复杂系统。在测算农村经济韧性时要充分考虑各种因素，分析各准则层间、指标间的交互作用和多项影响关系。应争取采用相对较少的准则层和指标量来较为系统、全面地评价农村经济韧性。因此，本书在追求系统性原则下，考虑到区域经济韧性复杂适应性、长期动态性以及非均衡性的演化特征，从抵抗力、适应力和重构力三个子维度构建农村经济韧性评价体系。

5.1.1.3 可行性原则

可行性原则主要包含两方面：一是数据的可获取性；二是指标的可操作性。数据的来源应客观公正，具有权威性、容易获取、真实可信、较为精确的特点，避免缺失大量数据，应可以通过查阅资料或计算得到；还应考虑到指标的可量化性，避免选取定性化指标，特别是选取的指标数据应符合测度方法中模型的计算要求，确保指标的可操作性。

5.1.2 评价指标的选取及说明

前文基于演化韧性的视角，考虑到区域经济韧性所具有的复杂适应性、长期动态性以及非均衡性等演化特征，在系统梳理国内外相关研究文献的基础上，将农村经济韧性定义为农村经济系统面对内外部冲击扰动时的抵抗复原并调整结构与功能适应环境变化从而开启新发展路径的能力，具体包括抵抗力（抵抗恢复能力）、适应力（适应调整能力）和重构力（重构转型能力）三个维度（齐昕、张景帅、徐维祥，2019；蒋辉，2022；陈鹏伟等，2022；唐莹、陈梦涵，2023）。

由农村经济韧性与农村经济系统的关系可知，农村经济韧性作为农村经济系统的固有属性，是由农村经济正常运行过程中自发形成的，并随着农村经济系统的内部结构调整而发生变化的特性，并不存在唯一的均衡状态。反过来，农村经济系统作为农村经济韧性的物质载体，所有的农村经济韧性都是农村经济系统构成要素所共同体现的，即农村经济韧性的构成因素，在于农村经济系统内部（张振，2020）。因此，本章要考察农村经济韧性，必然要考察农村经济韧性的物质载体即农村经济系统。

农村经济系统作为农村地域范围内各种经济活动相互作用、相互影响共同构成的统一体，主要由作为核心系统的农村供给系统和支撑供给系统的农村社会系统构成，所以农村经济韧性主要体现在农村供给系统和农村社会系统两个方面。农村供给系统作为农村经济韧性内最核心的构成系统，是指农村经济体的生产运行系统，主要由资源禀赋、主导产业、生产方式、生产基础、产出效率等要素构成（段进鹏，1993）。农村社会系统作为农村供给系统的相关支撑系统，是指农村经济体的非生产运行系统，具体包括社会教育、社会保障、社会文化、社会网络等因素。

基于上述分析，本章评价指标的选取没有采用单维核心指标（GDP增长率、就业率、失业率）的变化程度来进行，而是依据农村经济韧性的概念界定、演化阶段和构成要素，采用指标体系法即构建农村经济韧性综合评价体系进行水平评价。具体来看，由于农村经济韧性的定义仍然存在争议，同时涵盖内容较宽泛且至今尚无权威的衡量标准，因此本章按照科学性、系统性与可行性的指标选取原则，参照国内外学者的相关研究，从抵抗力、适应力、重构力3个维度划分9个准则层选取24个指标，来构建农村经济韧性综合评价指标体系，详见表5-1。

表5-1　**农村经济韧性综合评价指标体系**

目标层	维度层	准则层	权重	指标层	指标属性	指标权重
农村经济韧性综合评价指标体系	抵抗力（0.4712）	自然资源	0.0854	农作物总播种面积（千公顷）	正向	0.0358
				有效灌溉面积（千公顷）	正向	0.0429
				农作物成灾面积/受灾面积（%）	负向	0.0067
		生产基础	0.1313	农林牧渔业总产值（亿元）	正向	0.0491
				农林牧渔业生产中间消耗品产值（亿元）	负向	0.0465
				农村家庭生产性固定资产原值（元/户）	正向	0.0357
		主导产业	0.0301	粮食总产量（万吨）	正向	0.0093
				农林牧渔业增加值占地区生产总值比重（%）	正向	0.0208
		人力资本（社会教育）	0.1167	乡镇人口密度（人/平方公里）	正向	0.0081
				农村义务教育生均教育经费支出（元）	正向	0.0630
				农村医生和卫生院人数（人）	正向	0.0456

续表

目标层	维度层	准则层	权重	指标层	指标属性	指标权重
农村经济韧性综合评价指标体系	抵抗力（0.4712）	社会保障	0.1077	农村居民家庭食品消费比重（%）	负向	0.0262
				农村最低生活保障支出（万元）	正向	0.0816
	适应力（0.2966）	资金支持	0.1456	财政支农支出额（万元）	正向	0.0512
				农村住户固定资产投资完成额（亿元）	正向	0.0442
				农业贷款金额（亿元）	正向	0.0502
		基础设施	0.1509	农村用电量（亿千瓦时）	正向	0.0993
				农用柴油使用量（万吨）	正向	0.0516
	重构力（0.2323）	生产方式	0.1852	农业机械总动力（万千瓦）	正向	0.0519
				农用化肥施用量（万吨）	负向	0.0426
				农药使用量（吨）	负向	0.0462
				农用塑料薄膜使用量（吨）	正向	0.0446
		产出效率	0.0471	农村人均可支配收入（元/人）	正向	0.0436
				农林牧渔业增加值增长率（%）	正向	0.0034

注：采用熵值法确定指标权重时保留到小数点后 4 位；存在尾差调整。

5.1.2.1 抵抗力维度

农村经济韧性抵抗力（抵抗恢复能力）是指农村经济系统抵御内外界冲击并恢复自身结构和功能的能力。根据本维度构成要素的性质与功能并借鉴相关研究，划分为自然资源、生产基础、主导产业、人力资本（社会教育）、社会保障5个维度，具体来看：

农村自然资源作为农村开展生产经营活动的基础，反映了地区农业的基本生产条件，自然资源存量丰富的地区表明本地区的农业综合生产能力较强，能够为农村经济系统抵御内外界风险提供充分的物质保障。因此选取农作物总播种面积、有效灌溉面积和农作物成灾面积/受灾面积进行衡量（谢家智、车四方、林涌，2017；Elias and Adriana，2017；Michel-Villarreal et al.，2019；于伟、张鹏，2019；张明斗、惠利伟，2022；李久林等，2022），其中农作物成灾面积/受灾面积为负向指标。

农村生产基础作为衡量农村经济韧性的重要指标，能够反映农村地区经济的整体生产水平，农村生产基础（经济规模）较大的地区表明该地区的农村经济系统抵御内外部冲击的综合经济实力较强，能够扩大农户在面临不确定经济事件时的应对空间，增强农村经济系统运行的稳定性。因此选取农林牧渔业总产值、农林牧渔业生产中间消耗品产值和农村家庭生产性固定资产原值进行衡量（于伟、张鹏，2019；Quendler and Morkūnas，2020；郝爱民、谭家银，2023；张明斗、惠利伟，2022；李久林等，2022），其中农林牧渔业生产中间消耗品产值为负向指标。

农村产业体系作为农村经济发展的重要支撑，其中主导产业的选择与培育成为农村产业体系的核心。先进的主导产业往往拥有相对高端的科学技术，对其他相关产业部门的带动作用较强，容易形成完善的产业链、价值链和利益链，有利于构建出现代农业产业体系（张振，2020）。在面临新一轮农业产业革命的背景下，拥有高附加值、科技化、多样化特征的农村主导产业将有效拓宽农村产业结构的转型空间，更好地分散农村经济系统面临的内外部冲击（张振、赵儒煜、杨守云，2020）。因此选取粮食总产量、农林牧渔业增加值占地区生产总值比重进行衡量（Rizzi，Graziano，and Dallara，2018；李久林等，2022；蒋辉，2022）。

农村人力资本（社会教育）不仅是农村经济系统的基础性要素，更是提升农村经济韧性的基础性条件。农村人口良好的总量分布、基本素质与健康状态可以显著提升农业劳动生产效率、促进农村产业结构升级和推动农业技术进步，从而夯实农村经济系统抵御内外部冲击的资源禀赋基础。因此选取乡镇人口密度、农村义务教育阶段生均教育经费支出、农村医生和卫生员人数进行衡量（谢家智、车四方、林涌，2017；Angulo，Mur，and Trívez，2018；齐昕、张景帅、徐维祥，2019；朱华友等，2021；张明斗、惠利伟，2022；张建伟、曾志庆、李国栋，2022）。

农村社会保障作为农村社会系统的民生保障安全网、收入分配调节器、经济运行减震器，为农村供给系统的稳定运行提供着重要保障，将最大程度地降低不确定性因素对农村人口主体的影响，增强农村人口抵御经济运行中因时间和程度无法预测的冲击的抵御能力。因此选取农村居民家庭食品消费比重、农村最低生活保障支出进行衡量（Pavel et al.，2020；段进军、玄泽源，2021；崔耕瑞，2021；蒋辉，2022），其中农村居民家庭食品消费比重为负向指标，食品支出总额占消费支出总额的比重越高，代表农户应对外部环境的不确定性冲击的能力越差。

5.1.2.2 适应力维度

农村经济韧性适应力（适应调整能力）是指农村经济系统在应对内外部冲击过程中重新整合内部资源来调整自身结构和功能以适应新环境的能力。根据本维度构成要素的性质与功能并借鉴相关研究，划分为资金支持、基础设施两个维度，具体来看：

农村资金支持作为引导各类生产要素投入乡村经济建设的“牛鼻子”，成为保障农村经济系统适应新的外部环境过程中调整结构和功能的重要推动力量，主要体现在投资和贷款两个方面。在投资方面，切实加大财政投入力度，可以为保证粮食生产与重要农产品供给、巩固脱贫攻坚成果同乡村振兴衔接、提升农业综合效益和竞争力提供强大支撑作用；同时将农村住户拥有的固定资产价值作为补充，体现出农村人口在农业生产过程中应对内外部不确定性经济事件的主动适应能力。在贷款方面，农村信贷政策作为扩大乡村振兴资金支持的有效工具，不仅可以引导金融资本广泛涌入农业农村，还能极大提升政策性贷款资金的使用效能，增强农村各类生产经营主体重新整合资源以应对内外部冲击的精准适应能力。因此选取财政支农支出额、农村住户固定资产投资完成额以及农业贷款金额进行衡量（谢家智、车四方、林涌，2017；Florin et al.，2020，蒋辉、张弛、蒋和平，2022；张明斗、惠利伟，2022；陈鹏伟等，2022；李久林等，2022）。

农业基础设施是实现农村经济高质量发展的重要物质基础。配置良好的农业基础设施不仅可以通过联结效应、规模效应提升农业产业链中各环节对内外部不确定性因素的吸收能力，还可以通过促进农业生产资本、技术等要素的优化配置推动农村产业结构升级，从而提升农村经济韧性的适应力（唐莹、陈梦涵，2023）。因此选取农村用电量、农用柴油使用量进行衡量（Li，Song，and Huang，2021；郝爱民、谭家银，2023；陈鹏伟等，2022；霍松涛，2023）。

5.1.2.3 重构力维度

重构力（重构转型能力）是指农村经济系统在不断学习和创新的驱动下开启新的发展路径重新实现经济稳定增长的能力。根据本维度构成要素的性质与功能并借鉴相关研究，划分为生产方式、产出效率两个维度，具体来看：

农业生产方式作为优化农业生产要素配置、完善农村经营制度、推进农业现代化进程的重要手段，不仅决定着农业科学技术创新及成果的转化应用，还与农业生产经营方式的性质及其演变的方向、程度密切相关，从而开辟出农村经济系统发展新的增长路径（何自力、顾惠民，2022）。因此选取农业机械总动力、农用化肥施用量、农药使用量和农用塑料薄膜使用量进行衡量（谢家智、车四方、林涌，2017；于伟、张鹏，2019；Calignano and Siena，2020；张建伟、曾志庆、李国栋，2022；张明斗、惠利伟，2022；李久林等，2022；唐莹、陈梦涵，2023），其中农用化肥施用量和农药使用量为负向指标。

农业产出效率反映了农村经济系统运行的发展活力，是农村经济系统在重新适应内外部环境后开启新发展路径的重要推动力量。农业产出效率越高表明农村经济系统在应对不确定性冲击过程中激发的增长潜力越大、新路径开辟的速度越快。因此选取农村人均可支配收入、农林牧渔业增加值增长率进行衡量（Klimek，Poledna，and Thurner，2019；齐昕、张景帅、徐维祥，2019；段进军、玄泽源，2021；蒋辉，2022；郝爱民、谭家银，2023；张建伟、曾志庆、李国栋，2022；张明斗、惠利伟，2022；唐莹、陈梦涵，2023；霍松涛，2023）。

5.1.3 数据的来源及说明

考虑数据的可得性、可靠性和连续性，本书以中国31个省（自治区、直辖市）的农村地区面板数据作为研究样本，其中香港特别行政区、澳门特别行政区、台湾地区，由于统计数据存在不同程度的缺失，未被纳入研究样本，样本时间区间为2001—2020年。

本章各变量的原始数据主要来源于2002—2021年《中国农村统计年鉴》；农村义务教育生均教育经费支出来源于历年《中国教育经费统计年鉴》；乡镇人口密度来源于历年《中国城市建设统计年鉴》；财政支农支出额来源于历年《中国统计年鉴》；农业贷款金额中的2001—2009年数据来源于《新中国六十年统计资料汇编》、2010—2019年数据来源于《中国农村金融服务报告》。以上涉农指标均采用农林牧渔业口径。

针对变量数据的缺失情况，本书分情况进行了处理：其中对于个别年份缺失值现象，采用线性插值法进行填补；对于连续年份缺失值现象，采用全局拟合回归法进行填补；对于农村住户固定资产投资完成额指标中西藏自治区数据缺失情况采用新疆维吾尔自治区数据进行替代。针对变量数据类似异常值情况，为避免数据剧烈波动影响估计结果的可信度，对于农村最低生活保障支出指标的个别年份数据采用线性插值法进行处理。此外为消除不同数据的量纲干扰，本章对所有变量均采用极差标准化法进行标准化处理。

5.2 农村经济韧性的测度方法

5.2.1 熵值法

熵权法能有效排除主观因素的干扰，完全根据数据特征赋值，对于数据本身无过多特殊要求，使评价结果更具客观合理性，因此本书采用熵值法来确定指标权重。具体步骤如下：选取m个省（自治区、直辖市），n个指标，则x_{ij}表示第i个省（自治区、直辖市）的第j个指标的数值（i=1，2，…，m；j=1，2，…，n）。

第一，通过数据标准化处理，消除指标在量纲和正负向方面对评价结果的影响。其中正向指标的处理公式为：

$$y_{ij} = \frac{x_{ij} - \min\left(x_{1j},\ x_{2j},\ \cdots,\ x_{mj}\right)}{\max\left(x_{1j},\ x_{2j},\ \cdots,\ x_{mj}\right) - \min\left(x_{1j},\ x_{2j},\ \cdots,\ x_{mj}\right)} + \varepsilon \quad (5\text{-}1)$$

负向指标的处理公式为：

$$y_{ij} = \frac{\max\left(x_{1j},\ x_{2j},\ \cdots,\ x_{mj}\right) - \mathrm{x}_{ij}}{\max\left(x_{1j},\ x_{2j},\ \cdots,\ x_{mj}\right) - \min\left(x_{1j},\ x_{2j},\ \cdots,\ x_{mj}\right)} + \varepsilon \quad (5\text{-}2)$$

两式中：ε为标准化偏移量，为保证后续分析结果的有效性，取偏移量为0.0001，为y_{ij}标准化结果值。

第二，计算第i个省（自治区、直辖市）的第j个指标的比重：

$$\alpha_{ij} = \frac{y_{ij}}{\sum_{i=1}^{m} y_{ij}} \quad (5\text{-}3)$$

第三，计算第j项指标的信息熵：

$$z_j = -\frac{1}{\ln m}\sum_{i=1}^{m} \alpha_{ij} \times \ln\alpha_{ij} \quad (0 \leqslant z_j \leqslant 1) \quad (5\text{-}4)$$

第四，计算第j项指标的信息冗余度：

$$e_j = 1 - z_j \quad (5\text{-}5)$$

第五，计算指标权重：

$$w_j = \frac{e_j}{\sum_{j=1}^{n} e_j} \quad (5\text{-}6)$$

5.2.2 多指标综合评价模型

本书运用多指标综合评价模型来测度中国农村经济韧性，农村经济韧性综合指数是在求得农村经济韧性子系统指数后再次通过加权求和法计算得出的。农村经济韧性程度是指标体系中所有指标作用的综合表现，每个子系统都从不同角度反映了农村经济系统的韧性情况，该方法综合了3个子系统，能够较全面地从基层到高层，直至复合成农村经济韧性综合评价指数。

第一，各子系统农村经济韧性指数。其计算公式如下：

用各项评价指标标准化后的数值进行加权求和，分别计算出子系统的评价值。各子系统评价值，计算公式如下：

$$y_j = \sum_{i=1}^{m} w_{ij} x_{ij} \quad (i = 1, \cdots, m; \ j = 1, \cdots, n) \tag{5-7}$$

式中：y_j为第j个子系统的评价值；m为第j个子系统的指标个数；w_{ij}为指标层第j个子系统第i个指标的权重；x_{ij}为指标层第j个子系统第i个指标的标准化值。

第二，农村经济韧性指数，计算公式如下：

$$y = \sum_{j=1}^{n} \alpha_j y_j \quad (j = 1, \cdots, n) \tag{5-8}$$

式中：y为农村经济韧性评价值；n为子系统个数；α_j为维度层第j个子系统的权重；y_j为第j个子系统的评价值。

5.3 中国农村经济韧性演变特征分析

5.3.1 总体维度演变特征分析

本书利用熵值法对2001—2020年中国及三大地区农村经济韧性水平进行综合测度（如图5-1所示）。

从全国层面来看，2001—2020年中国农村经济韧性呈现逐年上升的显著态势，由2001年的0.145上升至2020年的0.363，20年间上升了0.218，年均增长率为7.52%，这表明中国农村经济系统抵御与适应内外部风险冲击的能力明显增强、经济稳定增长的发展态势明显。分析原因可知，进入21世纪，党中央坚持把解决好“三农”问题作为全党工作的重中之重，坚持农业农村优先发展，自2004年起连续21年发布指导“三农”工作的中央1号文件，充分体现了农村经济在国民经济发展中的基础性与核心地位。具体分析来看，首先，农业生产基础不断扩大，农产品品质不断提升，农村土地产出率、资源利用率、劳动生产率明显提高，农业综合生产能力显著增强；其次，农业物质装备技术水平显著提高，农村基础设施和基本公共服务明显改善；最后，伴随着农村土地制度的改革和集体产权制度的创新，新型农业生产经营主体大量涌现，现代农业经营方式进一步向多样化转变，极大增强了农民生产的积极性（黄茂兴、叶琪，2019；刘姝雯、杨胜刚、阳旸，2021）。

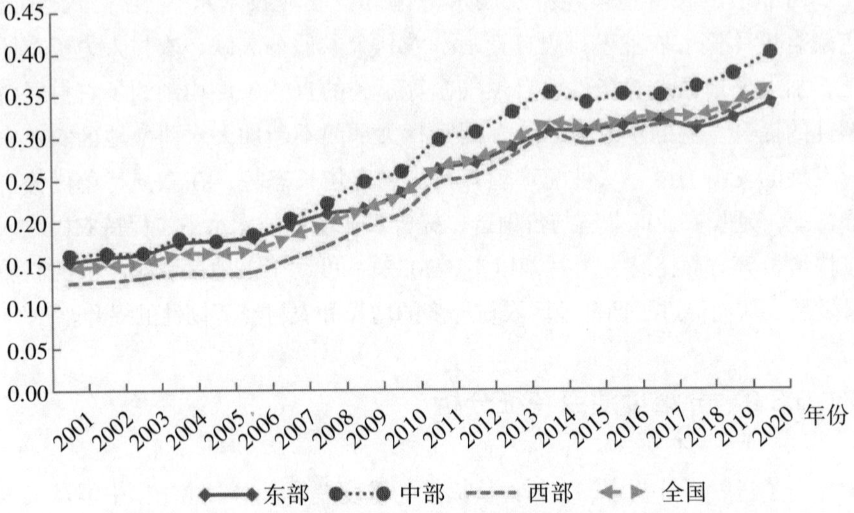

图5-1　2001—2020年中国及三大地区农村经济韧性的变动趋势

从地区差异来看，东中西三大地区农村经济韧性的均值呈现逐年上升的显著态势，由2001年的0.152、0.160、0.128上升至2020年的0.341、0.400、0.357，20年间上升了0.189、0.240、0.229，年均增长率依次为6.22%、7.50%、8.95%，可见中部地区农村经济韧性始终高于全国平均水平，同时高于同期的其他两个地区。值得注意的是，2018年以前，东部地区与全国平均水平接近重合，同时高于西部地区；2018年以后，西部地区开始超过东部地区，但仍低于全国平均水平。分析原因可知：

中部地区作为农业大省集聚区，具有适合发展现代农业的历史基础、地理区位以及资源禀赋，同时随着新型农业生产经营主体的培育、农业科技进步贡献率的提高以及农村产业融合程度的加深，共同对农村经济韧性的提升产生了推动作用。

东部地区多数省（自治区、直辖市）的经济发展水平位居全国前列，但主导产业主要以制造业与服务业为主，使得农村经济发展基础相对薄弱，导致农业劳动生产效率偏低（刘姝雯、杨胜刚、阳旸，2021）。同时，由于该地区城镇化进程的持续推进和非农产业的快速发展，加之农业比较收益率偏低的特性，大量的农村剩余劳动力迅速向城市和农村地区的工业、建筑业及服务业部门移动，严重制约了农村经济韧性的提升（张明斗、惠利伟，2022）。

西部地区农村整体经济发展水平偏低，农业技术水平不高、农村三产融合度不高、农业基础设施落后、农村公共服务欠缺、农村人力资本匮乏，加上该地区地势条件、自然气候等不利的自然条件均制约了农村经济韧性的提升。党的十八大以来，国家相关部门不断加大对西部地区农业农村发展的支持力度，农业总产值保持了稳定增长态势，在做强特色优势主导产业、延长农业产业链与价值链、提升农业生产技术水平、保持农民收入较快增长等方面持续发力（刘以雷，2022），推动了该地区农业经济的高质量发展，从而促进了西部地区农村经济的增长和农村经济韧性的提升。

5.3.2 分维度演变特征分析

为了进一步分析中国农村经济韧性的维度差异，本书绘制出中国及三大地区农村经济韧性分维度的变动趋势图（如图5-2、图5-3、图5-4所示）。

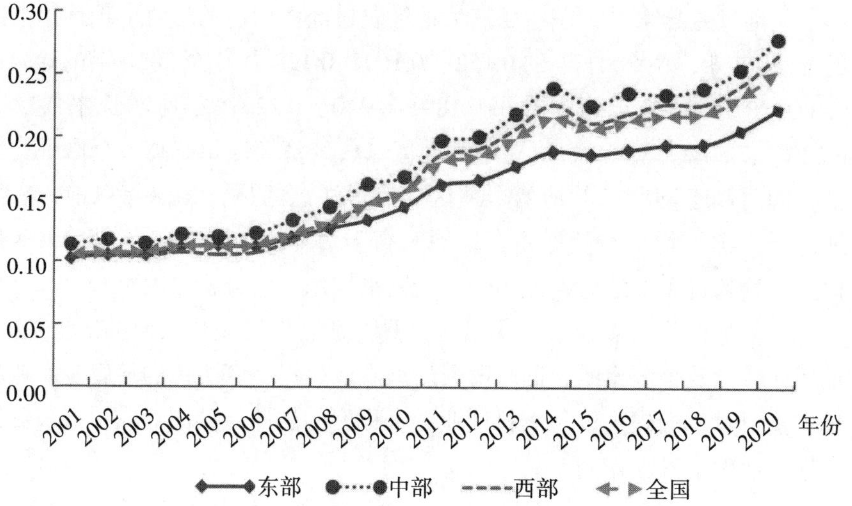

图5-2 2001—2020年中国及三大地区农村经济韧性抵抗力的变动趋势

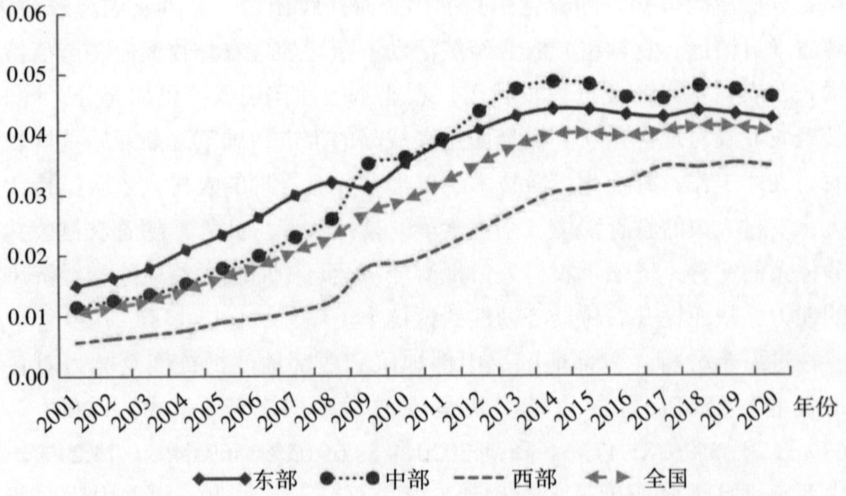

图5-3 2001—2020年中国及三大地区农村经济韧性适应力的变动趋势

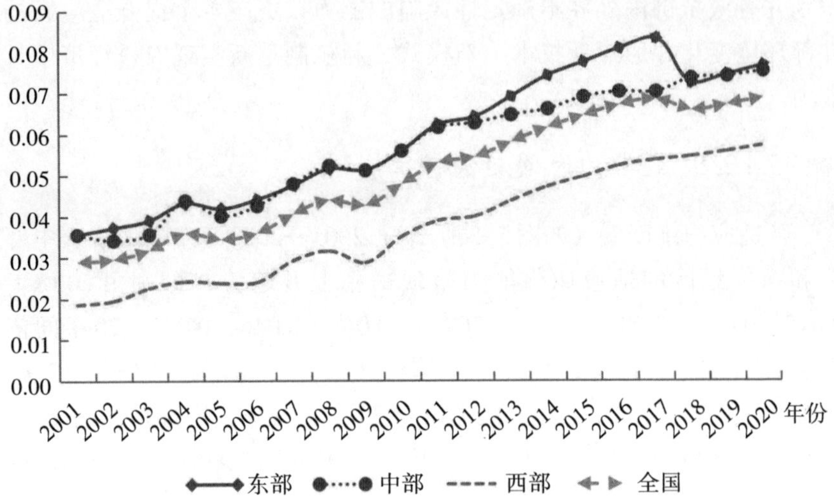

图5-4 2001—2020年中国及三大地区农村经济韧性重构力的变动趋势

5.3.2.1 抵抗力时间趋势特征

从抵抗力维度看（如图5-2所示），2001—2020年东部地区、中部地区和西部地区的抵抗恢复能力呈现波动上升趋势，分别由2001年的0.102、0.113、0.104上升至2020年的0.222、0.279、0.266，20年间依次上升了0.120、0.166、0.162，年均增长率分别为5.88%、7.35%、7.79%。

分析原因可知，随着党中央、国务院持续出台一系列支农惠农政策，各省（自治区、直辖市）农业经济活动不断增加，农林牧渔业总产值持续增长，农村主导产业进一步壮大，农业基础性作用发挥更加充分；同时，随着农业农村现代化、乡村全面振兴战略的推进，国家逐渐开始重视农业农村人才工作，有文化、懂技术、善经营、会管理的农村人才队伍持续壮大，农村人口的教育结构（基本素质）持续改善。此外，随着农村公共服务体系的完善，增强了农村人口抵御经济运行中面临自然风险和经济风险的能力，从而提升农村经济韧性的抵抗力。

进一步分析，东部地区、中部地区和西部地区抵抗恢复能力对各自地区农村经济韧性的贡献度均呈现波动减弱态势，分别由2001年的67%、70.53%、81.47%下降到2020年的65.05%、69.64%、74.29%，其中西部地区下降幅度最大，达到7.18个百分点。可见，随着中国农业步入高质量发展阶段，增强农村经济发展韧性，意味着不仅需要锻造准确识别并有效抵御内外界不确定性风险的能力，更应着重提升适应新的内外部环境变化并通过新技术、新模式、新机制重新实现农村经济增长的能力。

5.3.2.2 适应力时间趋势特征

从适应力维度看（如图5-3所示），2001—2020年东部地区、中部地区和西部地区的适应调整能力呈现平稳上升趋势，分别由2001年的0.015、0.011、0.006上升到2020年的0.043、0.046、0.035，20年间依次上升了0.028、0.035、0.029，年均增长率分别为9.33%、15.91%、24.17%，值得注意的是，东部地区自2013年以来，中部地区自2016年以来，西部地区自2017年以来，相继进入稳定发展状态，增长幅度接近停滞。

分析原因可知，一方面，近年来国家持续出台了一系列支农惠农财政政策，具体在增加财政规模、拓展资金渠道、创新金融服务以及引导社会资本进入等方面，为农村经济发展提供了充足的资金保障；另一方面，改革开放后，国家开始注重农村基础设施建设，重点加强农田水利设施的改造升级、现代设施农业和农产品仓储保鲜冷链物流设施建设，不断优化农业农村基础设施的布局、结构、功能和发展模式。此外还应看到，随着中国农业步入高质量发展阶段以及现代信息技术的广泛应用，农业科技进步贡献率不断提高，农业发展方式逐渐由依赖资源要素投入向创新要素驱动转变，因此适应调整能力的增长趋势逐渐减缓。

进一步分析，东部地区、中部地区和西部地区适应调整能力对各自地区农村经济韧性的贡献度均呈现波动增强趋势，分别由2001年的9.79%、7.14%、4.37%上升到2020年的12.46%、11.52%、9.69%，其中西部地区上升幅度最大，达到5.02个百分点。分析原因可知，随着近年来国家从资金、项目以及政策上持续加大对西部地区农村基础设施的投入力度，不断加快农业生产要素的配置力度，积极调整农村产业的发展方向，有效提高了西部地区农村经济韧性的适应调整能力。

5.3.2.3 重构力时间趋势特征

从重构力维度看（如图5-4所示），2001—2020年，东部地区、中部地区和西部地区的重构转型能力呈现波动上升趋势，分别由2001年的0.036、0.036、0.019上升到2020年的0.077、0.075、0.057，20年间依次上升了0.041、0.039、0.038，年均增长率分别为5.69%、5.42%、10%。

分析原因可知，近年来特别是党的十八大以来，党和国家坚持农业农村优先发展，深入实施乡村振兴战略，一方面，不断提高农业物资装备技术水平，据相关部门资料，2021年，中国的农业科技进步贡献率已突破60%，迈入世界第一方阵，科技兴农、科技助农逐渐成为现代农业发展的主旋律；另一方面，加快推动土地适度规模经营，通过集约化经营进一步提高农业生产效率，培育和壮大新型农业经营主体并建立了与小农合作的利益共享机制，有效提升了农业竞争力与生产效益。

值得关注的是，东部地区、中部地区重构转型能力对各自地区农村经济韧性的贡献度均呈现波动减弱态势，分别由2001年的23.36%、22.16%下降到2020年的22.49%、18.84%，但西部地区重构转型能力对本地区农村经济韧性的贡献度却呈现波动上升趋势，由2001年的14.53%上升到2020年的16.02%。分析原因可知，西部地区历史上因生产基础、地理条件、资源禀赋等因素导致农村经济发展的整体水平普遍偏低，随着乡村振兴战略的深入推进，不断强化农业生产方式转型对农村经济发展的支持引领作用，显著促进了农业生产向现代化阶段迈进。

5.4 本章小结

首先，本章从农村经济韧性的概念内涵、演化阶段以及构成要素出发，按照科学性、系统性与可行性的原则，参照国内外已有的相关研究，系统构建出基于“抵抗力-适应力-重构力”的农村经济韧性综合评价指标体系。其次，本章基于2001—2020年中国31个省级行政区划的农村面板数据，运用熵值法和多指标综合评价模型对中国农村经济韧性水平进行了实证测度。最后，本章对中国农村经济韧性总体及各子维度韧性的时间演变特征进行了分析，为后文研究农村人口结构变迁对农村经济韧性影响的实证分析奠定了现实基础。

第6章　人口结构变迁对农村经济韧性影响的实证分析

在前文第4章对中国农村人口结构的变迁趋势特征进行深入分析以及第5章对中国农村经济韧性综合评价体系科学构建、总体和各子维度水平实证测度与演变特征分析的基础上，本章基于第3章农村人口年龄结构、就业结构和教育结构变迁对农村经济韧性影响的理论机制，分别构建农村人口年龄结构、农村人口就业结构以及农村人口教育结构为核心解释变量的基准回归模型、动态效应模型和中介效应模型，进一步采用2001—2020年中国31个省级行政区划的农村地区面板数据，运用多种计量经济学分析方法实证分析上述三大人口结构变迁对农村经济韧性影响的总体效应、异质性效应和作用路径，为后文从人口结构视角提出增强农村经济韧性的政策建议提供科学参考。

6.1 计量模型构建与变量选取

6.1.1 计量模型构建

依据前文的理论分析和相关研究假定，为验证农村人口结构变迁对农村经济韧性的影响效应，本书构建如下基准面板模型：

$$REC_{it} = \beta_0 + \beta_1 PST_{it} + \theta \sum_{j=1}^{4} Controls_{j,\ it} + \sum Pro + \sum Year + \varepsilon_{1it} \quad (6\text{-}1)$$

式中：i表示地区；t表示年份；被解释变量REC_{it}代表地区i在t年的农村经济韧性；核心解释变量PST_{it}表示农村人口结构，包含人口年龄结构（$AGING_{it}$）、人口就业结构（EMP_{it}）和人口教育结构（EDU_{it}）3个维度；β_1为人口结构变动对农村经济韧性的边际影响；$\mathrm{Controls}_{j,\ it}$为系列控制变量，$j$代表第$j$个控制变量，分别包括农村人口总量（$TRP_{it}$）、农村经济规模（$ECO_{it}$）、生态环境治理（$ENV_{it}$）、地区市场规模（$MAR_{it}$）；$\beta_0$为回归模型截距项，$\varepsilon_{1it}$表示随机扰动项，同时考虑到地区和时间异质性，控制了省（自治区、直辖市）（Pro）、年份（$Year$）固定效应，以提高估计系数的准确性。

考虑到经济系统发展往往会存在一定的惯性和连续性，农村经济韧性作为农村经济系统的固有属性，其也可能存在一定的时滞性和动态性，即上一期的农村经济韧性会对本期的农村经济韧性存在一定的影响。本书在基准模型（6-1）的基础上引入农村经济韧性的滞后一期值加入模型解释变量，将静态面板数据模型扩展为动态面板数据模型。鉴于基准模型中滞后项的引入所带来的内生性问题，以及考虑到本书所使用的是时间维度小、截面维度大的短面板数据，此时采用普通的回归模型（例如普通最小二乘回归）进行估计，参数估计量将不能满足一致性和无偏性的要求，从而导致参数的经济意义和统计推断无效。此时，广义矩估计法（GMM）成为最优选择，该方法的优点在于不需要知道扰动项的确切分布、允许随机误差项存在序列相关及异方差的特性。广义矩估计法又可以分为差分广义矩估计和系统广义矩估计两类，考虑到差分广义矩估计存在的弱工具变量问题，本书采用系统GMM对动态面板数据进行估计（Arellano and Bond，1991）。此外为增强动态面板模型估计结果的可靠性，还将分别采用模型残差序列相关性检验（AR）和过度识别限制检验（Hansen）分别对模型设定的合理性和工具变量的有效性进行判断，从而在模型设定合理、工具变量有效的前提下展开相关的实证检验。

具体的操作是首先对被解释变量$REC_{i,\ t-1}$进行差分处理，方程如下：

$$REC_{it}-REC_{i,\ t-1}=\lambda\left(REC_{i,\ t-1}-REC_{i,\ t-2}\right)+\left(PST_{it}-PST_{i,\ t-1}\right)\beta+\left(\varepsilon_{1it}-\varepsilon_{1i,\ t-1}\right) \tag{6-2}$$

模型经过差分以后，差分序列不再与随机项相关，可使用$REC_{i,\ t-2}$作为$REC_{i,\ t-1}-REC_{i,\ t-2}$的工具变量，这是因为$REC_{i,\ t-2}$和$REC_{i,\ t-1}-REC_{i,\ t-2}$是高度相关的，而与随机项$\varepsilon_{1it}-\varepsilon_{1i,\ t-1}$不相关，并运用工具变量法得到$\lambda$和$\beta$的估计值。作为一致估计，GMM能够成立的前提条件是：扰动项$\{\varepsilon_{1it}\}$不存在自相关，因此要进行AR检验，检验的标准是扰动项的一阶差分存在一阶自相关而不存在二阶及更高阶的自相关。此外，Hasen检验法的机理是比较GMM最小化的目标函数$J(\hat{\beta}_{GMM},\ \hat{S}^{-1})$与0的大小。在恰好识别的情况下，$J(\hat{\beta}_{GMM},\ \hat{S}^{-1})=0$；在过度识别且满足约束的情况下，$J(\hat{\beta}_{GMM},\ \hat{S}^{-1})$不明显大于0；如果$J(\hat{\beta}_{GMM},\ \hat{S}^{-1})$明显大于0，则可倾向认为某些过度识别约束不成立。

基于此，本书构建如下动态面板数据模型：

$$REC_{it}=\beta_0+\beta_1 REC_{i,\ t-1}+\beta_2 PST_{it}+\theta\sum_{j=1}^{4}Controls_{j,\ it}+\sum Pro+\sum Year+\varepsilon_{2it} \tag{6-3}$$

式中：REC_{it-1}表示地区i在第t年农村经济韧性的滞后一期；β_1表示为前期农村经济韧性对即期农村经济韧性的影响效应；内生解释变量PST_{it}表示农村人口结构，具体包含农村人口年龄结构（$AGING_{it}$）、农村人口就业结构（EMP_{it}）和农村人口教育结构（EDU_{it}）3个维度；$\mathrm{Controls}_{j,\ it}$代指系列控制变量，$j$代表第$j$个控制变量；$\beta_0$为回归模型截距项，$\varepsilon_{2it}$表示随机扰动项，同时控制了不可观测的省（自治区、直辖市）（Pro）、年份（$Year$）固定效应。

根据前文的影响机制分析，农村人口年龄、就业和教育结构分别对农村经济韧性的影响存在多种中介机制，本章主要通过构建中介效应模型进行作用机制的检验。所使用的中介效应检验方法主要参考Baron和Kenny（1986）、温忠麟和叶宝娟（2014）提出的因果逐步回归分析法，结合前文分析的理论作用机制，建立如下检验模型：

$$REC_{it} = \beta_0 + \beta_1 PST_{it} + \theta \sum_{j=1}^{4} Controls_{j,\ it} + \sum Pro + \sum Year + \varepsilon_{3it} \tag{6-4}$$

$$MED_{it} = \eta_0 + \eta_1 PST_{it} + \delta \sum_{j=1}^{4} Controls_{j,\ it} + \sum Pro + \sum Year + \varepsilon_{4it} \tag{6-5}$$

$$REC_{it} = \alpha_0 + \alpha_1 PST_{it} + \alpha_2 MED_{it} + \pi \sum_{j=1}^{4} Controls_{j,\ it} + \sum Pro + \sum Year + \varepsilon_{5it} \tag{6-6}$$

式中：被解释变量REC_{it}代表地区i在t年的农村经济韧性；核心解释变量PST_{it}表示农村人口结构，包含人口年龄结构（$AGING_{it}$）、人口就业结构（EMP_{it}）和人口教育结构（EDU_{it}）3个维度；$Controls_{j,\ it}$为系列控制变量，j代表第j个控制变量；MED_{it}代表中介变量，分别包括劳动生产率（LPE_{it}）、农业技术进步（ATP_{it}）、产业结构升级（INS_{it}）、农业规模经营（ASO_{it}）；β_0、η_0、α_0为回归模型截距项，ε_{3it}、ε_{4it}、ε_{5it}表示随机扰动项，同时控制了不可观测的省（自治区、直辖市）（Pro）、年份（$Year$）固定效应；回归系数中，β_1是解释变量影响被解释变量的总效应，η_1是解释变量对中介变量的影响，α_1、α_2分别为解释变量和中介变量对被解释变量影响的直接效应。

根据逐步检验回归系数法，具体检验程序为：

第一步，对式（6-4）中影响的总效应β_1进行检验，无论解释变量的影响系数是否显著，都进行下一步检验。

第二步，检验式（6-5）系数η_1和式（6-6）系数α_2是否显著，如果η_1和α_2都显著，则进一步检验式（6-6）中系数α_1的显著性，如果直接效应α_1显著，结合中介效应与直接效应的大小和符号进行部分中介效应和遮掩效应的甄别与计算，如果直接效应α_1不显著，则仅存在主要中介效应，其中$\eta_1 \times \alpha_2$表示中介效应的大小。

第三步，如果η_1和α_2至少有一个不显著，则要通过Sobel检验或Bootstrap检验来进行间接效应显著性的判别（是否拒绝假设H_0：$\eta_1 \times \alpha_2 = 0$），以判断中介效应是否存在。故本书首先采用逐步检验回归系数法，若出现解释变量对中介变量影响的显著性或者中介变量对被解释变量影响的显著性不显著的情况，再使用Sobel检验以及Bootstrap检验进行进一步检验。

6.1.2 变量选取与说明

6.1.2.1 被解释变量

农村经济韧性（*REC*）是本章节研究的被解释变量。该指标所采用的是第5章基于“抵抗力-适应力-重构力”构建的农村经济韧性综合评价指标体系，并运用熵值法和多指标综合评价模型所测算出的历年分省农村经济韧性及各子维度水平。

此外，考虑到被解释变量的稳健性问题，本书同时采用因子分析法重新衡量农村经济韧性并代入模型进行稳健性分析。具体测算流程如下：

因子分析法（Factor Analysis Method）作为一种应用于存在复杂的相关关系的指标体系，是研究或探寻不能直接观察到，但对观测变量起支配或概括性作用的隐藏因子的统计分析方法。因子分析法的解决思路是围绕构造因子变量和命名解释因子变量这两个核心问题展开，具体包括以下步骤：

第一步：对各评价指标进行因子分析合适性检验，确定原数据是否适合采用因子分析法。检验标准主要依赖于KMO统计量和Bartlett' s球形度检验统计量。其中KMO取值在0~1之间，该值越大表示变量间的相关性越强，越适合采用因子分析法；按照Kaiser给出的标准：0.9以上表示非常适合，0.8以上表示很适合，大于0.7表示比较适合，大于0.6表示一般，大于0.5表示较差，0.5以下表示应放弃因子分析。而Bartlett' s球形度检验统计量可用来判断变量是否呈多变量正态分布，同时可用来检验相关系数矩阵是否适合做因子分析，当显著性水平<0.05时，拒绝原假设，适合作因子分析。本书的KMO值为0.868，Bartlett' s球形检验的显著性p值为0.000，表明因子分析法有效。

第二步：建立原始矩阵，计算相关系数矩阵R，解特征方程$|R-\lambda E|=0$，计算相关系数矩阵的特征值λ和特征向量。

第三步：根据各贡献率计算累积贡献率，确定特征根的个数K和相应的特征向量，建立初始因子载荷矩阵A'，同时对初始载荷矩阵进行旋转，得到较理想的因子载荷矩阵A。具体模型为：

$$
\begin{aligned}
X_1 &= a_{11}F_1 + a_{12}F_2 + \cdots + a_{1n}F_m + \varepsilon_1 \\
X_2 &= a_{21}F_1 + a_{22}F_2 + \cdots + a_{2n}F_m + \varepsilon_2 \\
&\vdots \\
X_p &= a_{p1}F_1 + a_{p2}F_2 + \cdots + a_{pn}F_m + \varepsilon_p
\end{aligned} \tag{6-7}
$$

可简写为$X = A \cdot F + \varepsilon$。$X$为$p \times I$维向量，$A$为$p \times m$矩阵，$F$为$m \times I$维向量，$\varepsilon$为$p \times I$维向量。满足：

$$
\begin{aligned}
& m \leqslant p \\
& \mathrm{Cov}(F;\ \varepsilon) = 0 \\
& D(F) = I_m \\
& D(\varepsilon) = \begin{pmatrix} \sigma_1^2 & \cdots & 0 \\ \vdots & \ddots & \vdots \\ 0 & \cdots & \sigma_p^2 \end{pmatrix}
\end{aligned} \tag{6-8}
$$

式中：X是由可实测的p个指标的I维随机向量所构成的矩阵；F是不可测的向量，被称为公共因子或潜因子；a_{ij}为因子得分，表示第i个变量在j个公共因子上的负荷。具体到本章，由于本章计算的累积贡献率已达95%，可以保证综合变量能够包括原始变量的绝大多数信息，因此考虑在不损失变量信息的情况下，本书设定将变量个数作为因子个数进行因子分析评价。

第四步：计算各因子得分F：

$$F_j = \alpha_{j1}X_1 + \alpha_{j2}X_2 + \cdots + \alpha_{jp}X_p,\ j = 1,\ 2,\ \cdots,\ k \tag{6-9}$$

上式中X为原始的p个变量，F为k个因子变量，α为因子得分系数。

第五步：计算因子权重w，算出综合评价值I：

$$w_j = \frac{\lambda_j}{\sum_{j=1}^{k}\lambda_j} \tag{6-10}$$

$$I = \sum_{j=1}^{k} w_j F_j,\ j = 1,\ 2,\ \cdots,\ k \tag{6-11}$$

6.1.2.2 解释变量

本章确定的研究目的是实证检验农村人口结构变迁对农村经济韧性的

影响效应与作用机制，根据前文对于农村人口结构变迁的概念界定，并结合中国农村人口结构逐渐呈现出的农村人口深度老化、空心化快速发展、受教育水平偏低、人才数量匮乏且变迁趋势较长时间内不可逆转的“新常态”特征，故本章在农村人口结构变迁变量的选取方面分别采用农村老年人口抚养比重（*AGING*）即农村65岁及以上人口占15~64岁人口的比重作为衡量农村人口年龄结构变迁的表征指标（刘清芝，2007；刘鉴等，2020）；采用农村非农就业人口比重（*EMP*）即农村非农业就业人员占乡村年末从业人员的比重作为衡量农村人口就业结构变迁的表征指标（刘清芝，2007；魏君英、韩丽艳，2019；徐清华、张广胜，2020；郭华等，2021）；采用农村人口平均受教育年限（*EDU*）即农村人力资本存量与6岁及以上人口总量的比重作为衡量农村人口教育结构变迁的表征指标（张永丽、金虎玲，2013；魏君英、韩丽艳，2019），其中对于不同教育层次的划分参考《中国人口和就业统计年鉴》中的划分标准，具体划分为未上过学、小学、初中、高中和大专及以上5个层次，并将上述各层次的受教育年限依次设定为：0年、6年、9年、12年、15年，因此农村人力资本存量的公式设定为：未上过学人口×0+小学文化程度人口×6+初中文化程度人口×9+高中文化层次人口×12+大学专科及以上文化层次人口×15。

6.1.2.3 中介变量

依据前文农村人口结构变迁对农村经济韧性的影响机制分析，分别选取如下4个变量：

（1）劳动生产效率（*LPE*）

借鉴蒋辉、张弛和蒋和平（2022）、郝爱民和谭家银（2023）的研究方法，本书采用农林牧渔业增加值与农林牧渔业就业人员的比值作为农业劳动生产率的代理变量进行衡量，该数值越大则表示农业劳动生产效率越高。

（2）农业技术进步（*ATP*）

借鉴郝爱民和谭家银（2023）、张明斗和惠利伟（2022）的研究思路，本书采用农业科研支出值作为农业技术进步的代理变量进行衡量，其数值越大则表示农业物资装备技术水平越高。其中，在当前公开的统计资料中，未发现农业科研支出的分省（自治区、直辖市）统计数据，因此本书对该指标进行估算。具体公式为：

$$E_{kt} = 0.5 \times \left(R_t^A / R_t^T + Y_{kt} / GDP_{kt} \right)$$

$$ATP_{kt} = RE_{kt} \times E_{kt} \tag{6-12}$$

式中：E_{kt}为地区k在t年的农业科研支出估算系数；RE_{kt}为地区k在t年的科学技术支出，两者相乘即为地区农业科研支出估算值ATP_{kt}；R_t^A、R_t^T分别为t年的全国农林牧渔业R&D经费内部支出和全国R&D经费内部支出；Y_{kt}和GDP_{kt}分别表示地区k在t年的农林牧渔业总产值和地区生产总值。

（3）产业结构升级（*INS*）

鉴于数据的可获得性同时借鉴李晓龙和冉光和（2019）、唐莹和陈梦涵（2023）的研究思路，本书采用农林牧渔服务业总产值与地区农林牧渔业总产值的比重作为农村产业结构升级的代理变量进行衡量，该值越大表示农村产业结构越高级。

（4）农业规模经营（*ASO*）

借鉴林善浪、纪晓鹏和姜冲（2018）、刘景景（2017）的研究思路，本书采用户均耕地面积即农用地总耕地面积与农村总户数的比值作为农业规模经营的代理变量进行衡量，由于我国农业生产主要以家庭为单位，故从耕地面积来看，户均耕地面积越大的地区，越有利于实现农业适度规模经营。

6.1.2.4 控制变量

在人口结构变迁对农村经济韧性产生影响的过程中，还存在其他影响实证结果的关键变量。因此，本节结合既有的相关文献研究，在考虑数据可得性并进行多重共线性检验的基础上，进一步控制了以下变量：

（1）农村人口总量（*TRP*）

农村人力资本不仅是农村经济系统的基础性要素，还是提升农村经济韧性的基础性条件。其中丰裕的人口数量不仅是农村经济系统抵御内外界冲击并恢复自身结构和功能的实践主体，更是农村经济系统整合内部资源以适应环境变化从而开启新的发展路径的保障力量，故本章采用各地区农村人口数量来表征（朱华友等，2021；李玉恒、黄惠倩、王晟业，2021）。

（2）农村经济规模（*ECO*）

农村经济规模越大的地区表明该地区的经济实力越强，能够为农村经济系统抵御内外部冲击提供坚实的物质保障，有利于增强农村经济系统运行的稳定性。目前，官方尚未公布农村地区生产总值的直接数据和指标，本书参照国内学者的普遍做法，采用农林牧渔业增加值和乡镇企业增加值两类指标加总作为农村经济规模的代理变量进行衡量，该值越大表示农村经济抵御冲击的水平越高。

（3）生态环境治理（*ENV*）

长期以来我国农业生产过程主要依赖农药、化肥等化学农资投入，属于“高投入、高消耗、低产出”的粗放式生产方式，加之农村生活产生的固体废弃物，带来了较为严重的农业面源污染问题。此外，随着工业化、城市化的推进，气候变化、水土流失、土壤沙化等现象导致了农业生态系统的退化，引起了农业生产力水平的下降。可见，优质的农村生态环境是农业生产的前提条件，可为农村经济韧性的可持续提升提供良好的空间保障。本书借鉴郝爱民和谭家银（2023）的研究思路，采用各地区水土流失治理面积来表征。

（4）地区市场规模（*MAR*）

按照新经济地理学的观点，经济系统所受到的冲击会直接反映在市场规模上，地区市场化程度越高的区域越能在符合经济自身发展的规律下进行适应性动态调整，平滑外部不确定性冲击引起的经济波动，从而推动农业供给侧结构性改革，增强经济韧性发展的可持续性（徐圆、张林玲，2019）。本书借鉴张明斗和惠利伟（2022）的研究思路，采用农村社会消费品零售总额作为农村市场规模的代理变量进行衡量，该值越大表示农村的市场环境越好、活力越强。

变量选取及定义见表6-1。

表6-1 **变量选取及定义**

变量类别	变量名称	变量符号	度量方式（单位）
被解释变量	农村经济韧性	*REC*	构建综合评价指标体系（见表5-1）熵值法、因子分析法（稳健性检验）分别测算
解释变量	农村人口年龄结构	*AGING*	农村老年人口抚养比重（%）
	农村人口就业结构	*EMP*	农村非农就业人口比重（%）
	农村人口教育结构	*EDU*	农村人口平均受教育年限（年）
中介变量	劳动生产效率	*LPE*	农林牧渔业增加值/农林牧渔业就业人员(元/人)
	农业技术进步	*ATP*	农业科研支出估算值（万元）
	产业结构升级	*INS*	农林牧渔服务业总产值/农林牧渔业总产值（%）
	农业规模经营	*ASO*	农用地总耕地面积/农村总户数（公顷/户）
控制变量	农村人口总量	*TRP*	农村总人口数量（万人）
	农村经济规模	*ECO*	农村地区生产总值估算值（亿元）
	生态环境治理	*ENV*	水土流失治理面积（千公顷）
	地区市场规模	*MAR*	农村社会消费品零售总额（亿元）

6.2 数据来源与变量检验

6.2.1 数据来源与描述性统计

基于数据的可得性、连贯性和可靠性，本书的研究范围是中国31个省级行政区划（不包括港、澳、台）的农村地区，样本初始年份为2001年，样本区间设为2001—2020年，样本类型为面板数据。本章各变量所采用的原始数据主要来源于历年《中国农村统计年鉴》，农村人口总量、农村人口结构数据来源于2001—2006年《中国人口统计年鉴》、2007—2021年《中国人口和就业统计年鉴》以及各省（自治区、直辖市）统计年鉴，地区科学技术支出、地区生产总值来源于历年《中国统计年鉴》，全国农林牧渔业R&D经费内部支出和全国R&D经费内部支出来源于历年《中国科技统计年鉴》，农林牧渔服务业总产值（农林牧渔专业及辅助性活动）来源于历年各省（自治区、直辖市）统计年鉴，农用地总耕地面积来源于历年《中国统计年鉴》，农村总户数来源于历年《中国环境统计年鉴》，乡镇企业增加值来源于历年《中国农业统计资料》。以上涉农指标均采用农林牧渔业口径。

针对变量数据存在缺失的情况，本书分情况进行了处理：其中对于出现个别年份缺失值现象，均采用线性插值法进行填补；对于连续年份缺失值现象，均采用全局拟合回归法进行填补；对于水土流失治理面积指标中的上海市数据缺失情况，采用天津市数据进行近似替代。针对变量数据类似异常值情况，为避免数据剧烈波动影响估计结果的可信度，对于农村总户数指标中的个别年份数据，采用线性插值法进行处理。

此外，为减弱模型的异方差性、自相关性以及数据量纲的干扰，本书对变量中数量级较大的变量*TRP*、*ECO*、*MAR*、*ENV*、*LPE*、*ATP*进行自然对数处理；同时为确保数据的标准化，本书对以价格标示的变量*ATP*、*ECO*、*MAR*均以2001年为基期，并按照CPI价格指数对其进行平减处理，具体公式如下：

$$X_t^0 = \frac{X_t}{\prod_{k=1}^{t} C_k} \tag{6-13}$$

式中：X_t^0为平减结果，C_k为第k年的CPI指数，X_t为t年的*ATP*、*ECO*、*MAR*实际数值。

表6-2列示了总体样本的描述性统计结果，对比各变量的平均值和标准差结果发现，均值全部大于标准差，反映出各变量的离散程度较小，全部数据均具有较好的稳定性。对比各变量的最小值、最大值的结果发现，最大与最小值间均存在较大差异，其中农村经济韧性的最小值

和最大值分别为0.1000和0.5600；农村人口年龄结构的最小值和最大值分别为6.6100和44.5600；农村人口就业结构的最小值和最大值分别为0.9800和91.8700；农村人口教育结构的最小值和最大值分别为3.2400和9.6600。主要变量的最大与最小值差异较明显，原因主要有两点：一是各变量值随时间发生较大变化；二是各省（自治区、直辖市）间经济社会发展差异性较大。

表6-2 **样本描述性统计结果**

符号	样本量	平均值	标准差	最小值	中位数	最大值
REC	620	0.2524	0.1048	0.1000	0.2353	0.5600
AGING	620	15.0105	5.6979	6.6100	13.9150	44.5600
EMP	620	41.1029	18.4275	0.9800	39.2600	91.8700
EDU	620	7.2994	0.9038	3.2400	7.4900	9.6600
LPE	620	9.5965	0.7610	7.6000	9.6749	11.5700
ATP	620	10.4086	1.2772	6.9100	10.4857	13.5800
INS	620	0.0392	0.0248	0.0000	0.0357	0.2500
ASO	620	0.6662	0.5715	0.0900	0.4431	3.1200
TRP	620	10.4546	2.3687	6.6800	9.9688	17.8700
ECO	620	7.7484	1.3160	3.7300	7.9115	10.5900
ENV	620	7.5159	1.5348	2.7200	8.0258	9.6300
MAR	620	8.0627	1.3226	3.8900	8.1955	10.6700

资料来源：作者根据Stata软件计算结果整理。

进一步地，多重共线性检验结果显示各解释变量之间的VIF值（方差膨胀系数）的均值为5.47，小于10的临界值，说明各变量之间不存在显著的多重共线性问题，变量取值均在合理范围内。

6.2.2 变量平稳性检验与协整检验

6.2.2.1 平稳性检验

学界普遍认为没有平稳性特征的时间序列数据，虽然其本身并不存在直接的相关性，但若直接对其进行回归分析，仍然可以呈现出共同的变化趋势，即使回归的R^2值较高，但模型结果并不存在经济意义即可能会出现伪回归，进而导致t检验失效。由于本书选择的是面板数据类型进行实证分析，其中兼有截面数据和时间序列数据的特征，因此为了避免伪回归，确保估计结果的有效性，需要对面板数据进行平稳性检验，若原序列数据平稳则可以直接开展实证分析，若原序列数据不平稳但具有同阶平稳，还需进一步对非平稳序列进行协整检验。

检验数据平稳性最常用的方法就是进行单位根检验，面板数据单位根检验的方法包括LLC检验、IPS检验、HT检验、Fisher检验、Hadri检验等多种检验方法，由于本书采用的是2001—2020年31个省级行政区划的短面板数据（截面单位个数大于考察年份长度），适合选用LLC检验和IPS检验方法。因此，本书同时采用上述两种方法检验面板数据的平稳性。结果见表6-3。

表6-3 **各变量面板单位根检验结果**

变量	LLC检验						IPS检验					
	原始序列（有时间趋势）			差分序列（无时间趋势）			原始序列（有时间趋势）			差分序列（无时间趋势）		
	统计量	p值	结论	统计量	p值	结论	统计量	p值	结论	统计量	p值	结论
REC	1.1687	0.8787	不平稳	-4.8474	0.0000	平稳	9.6552	1.0000	不平稳	-10.9156	0.0000	平稳
AGING	20.7724	1.0000	不平稳	-6.9865	0.0000	平稳	17.3735	1.0000	不平稳	-7.0259	0.0000	平稳
EMP	-8.7266	0.0000	平稳	-4.2023	0.0000	平稳	-3.0476	0.0012	平稳	-6.1632	0.0000	平稳
EDU	-6.9245	0.0000	平稳	-6.5391	0.0000	平稳	-1.4930	0.0677	平稳	-13.1823	0.0000	平稳
TRP	-1.5439	0.0613	平稳	-2.8009	0.0025	平稳	-11.5856	0.0000	平稳	-14.4246	0.0000	平稳
ECO	-10.1814	0.0000	平稳	-6.7821	0.0000	平稳	-3.0394	0.0012	平稳	-10.4876	0.0000	平稳
ENV	0.2056	0.5815	不平稳	-9.5949	0.0000	平稳	4.2359	1.0000	不平稳	-10.4399	0.0000	平稳

续表

	LLC检验						IPS检验					
MAR	-8.3469	0.0000	平稳	-15.3854	0.0000	平稳	-0.6261	0.2656	不平稳	-6.4183	0.0000	平稳
LPE	-6.4729	0.0000	平稳	-8.3757	0.0000	平稳	3.1291	0.9991	不平稳	-9.5726	0.0000	平稳
ATP	-4.4545	0.0000	平稳	-8.0568	0.0000	平稳	3.5380	0.9998	不平稳	-10.0277	0.0000	平稳
INS	-19.1896	0.0000	平稳	-33.0174	0.0000	平稳	-3.0035	0.0013	平稳	-12.8142	0.0000	平稳
ASO	1.4582	0.9276	不平稳	-10.6619	0.0000	平稳	6.0410	1.0000	不平稳	-10.5033	0.0000	平稳

注：***、**、*分别表示1%、5%、10%水平上显著。

根据表6-3所示，选取的所有变量中仅农村人口就业结构（*EMP*）、农村人口教育结构（*EDU*）、农村人口总量（*TRP*）、农村经济规模（*ECO*）、产业结构升级（*INS*）的原始序列均同时通过了LLC检验与IPS检验，表明以上变量为零阶单整变量，即上述变量的原始序列保持平稳。虽然其余变量的原始序列均未同时通过LLC检验与IPS检验，但经过一阶差分后均通过了1%的显著性水平检验，说明这些变量为一阶单整变量，即其余变量的一阶差分序列保持平稳。特别地，对于原始序列为非平稳的变量，实证分析前还需进一步通过协整检验来判断其是否存在统计学上的长期稳定均衡关系。

6.2.2.2 面板协整检验

根据上文各变量的面板单位根检验结果，发现被解释变量中农村经济韧性（*REC*）的原始序列为非平稳变量，核心解释变量中农村人口年龄结构（*AGING*）的原始序列为非平稳变量，中介变量中劳动生产效率（*LPE*）、农业技术进步（*ATP*）、农业规模经营（*ASO*）的原始序列为非平稳变量，控制变量中生态环境治理（*ENV*）、地区市场规模（*MAR*）的原始序列为非平稳变量。

根据前文的影响机制与实证设计分析，上述所有原始序列非平稳变量中的被解释变量与控制变量应出现在所有模型内，而解释变量与中介变量不会出现在所有模型内，故本书对原始序列非平稳变量进行分组协整检验。具体过程基于“变量之间没有协整关系”的原假设，同时采用Kao检验、Pedroni检验和Westerlund检验3种方法进行，检验结果见表6-4。

表6-4 协整检验结果

变量分组	Kao检验		Pedroni检验		Westerlund检验	
	检验统计量	t-statistic	检验统计量	t-statistic	检验统计量	t-statistic
REC、*AGING*、*LPE*、*ENV*、*MAR*	Augmented Dickey-Fuller	1.4838*	MPP	4.0311***	Variance Ratio	-1.3744*
			PP	-3.9740***		
			ADF	-3.9626***		
REC、*AGING*、*ATP*、*ENV*、*MAR*		1.3298*	MPP	3.9992***		-1.2613
			PP	-4.1398***		
			ADF	-3.4042***		
REC、*EMP*、*ATP*、*ENV*、*MAR*		1.5884*	MPP	3.5398***		-1.5423*
			PP	-3.9493***		
			ADF	-3.4185***		
REC、*EMP*、*ASO*、*ENV*、*MAR*		0.7164	MPP	3.5389***		-1.7542**
			PP	-4.0002***		
			ADF	-4.0192***		
REC、*EDU*、*LPE*、*ENV*、*MAR*		1.6033*	MPP	4.7554***		-0.2536
			PP	-1.7302**		
			ADF	-1.5949*		
REC、*EDU*、*ATP*、*ENV*、*MAR*		1.6384*	MPP	4.6430***		0.0415
			PP	-1.3533*		
			ADF	-0.8578		

注：***、**、*分别表示1%、5%、10%水平上显著。

总体来看，各变量组合较好地通过了3种检验方法下的面板协整检验，表明可以使用原序列数据进一步开展实证分析。

6.3 实证结果分析

6.3.1 总体回归结果及分析

本书基于基准面板模型（6-1），采用普通最小二乘模型（POLS）、双向固定效应模型（FE）、二阶段最小二乘的工具变量法（Ⅳ-2SLS）进行总体回归结果分析。模型估计结果见表6-5，其中回归（1）至（3）为采用普通最小二乘法所估计出的农村人口结构变迁对农村经济韧性影响的实证结果；回归（4）至（6）中Hausman检验结果在1%的水平下均显著，拒绝了自变量与随机误差项不相关的原假设，并考虑了随时间、地点趋势变化的不易被观测因素对模型的影响，故汇报的是采用双向固定效应模型的估计结果；回归（7）至（9）中，为缓解模型内生性问题，故使用二阶段最小二乘的工具变量法进行估计。

表6-5 **总体样本回归参数及检验结果**

变量	POLS			FE			Ⅳ-2SLS		
	回归（1）	回归（2）	回归（3）	回归（4）	回归（5）	回归（6）	回归（7）	回归（8）	回归（9）
AGING	-0.0031***			-0.0444***			-0.0030***		
	(-5.26)			(-3.66)			(-4.02)		
EMP		0.0446***			0.0393***			0.1495***	
		(3.05)			(3.07)			(8.77)	
EDU			0.0936***			0.0583**			0.1720***
			(4.35)			(1.97)			(5.94)
TRP	0.0603***	0.0568***	0.0567***	0.0037	0.0001	0.0009**	0.0039***	0.0022*	0.0021*
	(13.69)	(11.89)	(12.37)	(0.72)	(0.26)	(2.18)	(3.21)	(1.94)	(1.87)
ECO	0.0289***	0.0211***	0.0225***	0.0249***	0.0303***	0.0326***	0.0387***	0.0339***	0.0351***
	(4.87)	(3.62)	(3.88)	(3.11)	(3.82)	(4.02)	(7.00)	(6.54)	(6.63)
ENV	0.0676***	0.0645***	0.0563***	0.0164	0.0258*	0.0298	0.0098	0.0021	0.0090***
	(5.02)	(4.71)	(4.19)	(0.84)	(1.86)	(1.53)	(4.65)	(0.94)	(4.46)
MAR	0.0014	0.0080	0.0091	0.0461***	0.0490***	0.0505***	0.0295**	0.0392***	0.0374***
	(0.25)	(1.33)	(1.55)	(9.53)	(10.12)	(10.02)	(2.36)	(7.13)	(6.37)
常数项	-0.6020***	-0.6224***	-0.6507***	-0.2847***	-0.4087***	-0.4374	-0.3524***	-0.4474***	-0.4723***
	(-15.93)	(-15.73)	(-16.14)	(-7.48)	(-12.90)	(-9.81)	(-15.71)	(-18.34)	(-14.65)
样本观测值	620	620	620	620	620	620	527	527	527
弱工具变量检验F值							645.972	1728.196	1601.134
过度识别检验p值							0.1459	0.1024	0.4271

续表

变量	POLS			FE			Ⅳ-2SLS		
	回归（1）	回归（2）	回归（3）	回归（4）	回归（5）	回归（6）	回归（7）	回归（8）	回归（9）
R^2	0.7837	0.7771	0.7806	0.8414	0.8403	0.8388	0.6390	0.6835	0.6714
F值 （p值）	89.82 (0.0000)	86.43 (0.0000)	88.20 (0.0000)	619.59 (0.0000)	614.68 (0.0000)	607.85 (0.0000)	187.98 (0.0000)	226.03 (0.0000)	209.99 (0.0000)
Hausman 检验 （p值）				0.0000	0.0000	0.0000			

注：①***、**、*分别表示1%、5%、10%水平上显著。②回归（1）至（6）括号里的数值为系数的t值，回归（7）至（9）括号里的数值为系数的z值。

6.3.1.1 内生性问题处理

在不考虑内生性问题情况下的回归（1）至（6）结果显示，农村人口年龄结构、农村人口就业结构以及农村人口教育结构，在不同的显著水平下均说明农村人口结构在总体上对农村经济韧性具有较好的解释力。对于计量模型的设定，需要注意的是，当估计模型出现遗漏变量风险和反向因果关系时，将导致估计结果的有偏性和非一致。具体到本书，内生性问题主要来自两个方面：一方面，农村人口结构与农村经济韧性两者均会受到多种因素的影响，但在理论模型构建时无法将全部影响因素考虑进去，可能存在遗漏变量的风险；另一方面，农村经济韧性可能反过来对农村人口结构造成影响，产生反向因果问题。进一步经过异方差稳健的DWH检验证实，在以农村人口年龄、就业和教育结构为自变量的回归中，DWH检验结果均显著，故认为主要解释变量对于农村经济韧性是内生的。

为了克服上述内生性问题，本书尝试采用二阶段最小二乘的工具变量法来进行处理。在Ⅳ-2SLS检验中，按照工具变量的选取要求，本书选择内生解释变量的滞后二期和滞后三期值作为自身的工具变量进行估计。实证结果见表6-5中的回归（7）至（9）所示，发现农村人口年龄结构的估计系数显著为负，并对农村经济韧性的影响作用减弱，说明回归（1）、（4）因存在内生性导致基准模型的作用结果被高估；同时还发现农村人口就业结构和农村人口教育结构的估计系数显著为正，并对农村经济韧性的影响作用增强，说明回归（2）、（3）和（5）、（6）因存在内生性导致基准模型的作用结果被低估。此外，工具变量的有效性检验显示，弱工具变量检验中Cragg-Donald Wald F统计量分别为645.972、1 728.196、1 601.134，均远大于临界值，表明各模型不存在弱工具变量问题；过度识别检验Sargan统计量的p值分别为0.1459、0.1024、0.4271，均大于0.1，表明各模型所选的工具变量均为外生变量，与原模型中的随机干扰项不同期相关，可见本书所选的两个工具变量是合理有效的。

6.3.1.2 解释变量的实证结果分析

从回归（1）、（4）、（7）的结果看，农村人口年龄结构（*AGING*）对农村经济韧性具有负向影响效应，且均在1%的水平下显著，表明农村老年人口抚养比重的上升对农村经济韧性具有抑制作用，这一结果与颜榕、姚型浩和米红（2022）的研究结论相似。可能的解释在于：农村人口年龄结构的变迁，引起农村劳动适龄人口供给的不足，降低了农业劳动生产效率，阻碍了农业科学技术进步，限制了农村产业结构升级，进而减弱了农村经济韧性。

从回归（2）、（5）、（8）的结果看，农村人口就业结构（*EMP*）对农村经济韧性具有正向影响效应，且均在1%的水平下显著，表明农村非农就业人口比重的上升对农村经济韧性具有促进作用，现有农村劳动力表现出明显的“生产剩余”特征，这一结果与徐清华和张广胜（2020）的研究结论相似。可能的解释在于：农村人口就业结构的变迁，弥补了农业生产所需的资金缺口，通过要素替代效应促进了农业生产技术进步，同时提高了土地生产的集约化程度，实现了农业适度规模经营，进而增强了农村经济韧性。

从回归（3）、（6）、（9）的结果看，农村人口教育结构（*EDU*）对农村经济韧性具有正向影响效应，并通过了5%的显著性水平，表明农村人口平均受教育年限的增加对农村经济韧性具有促进作用，与经典的人力资本理论相吻合，这一结果与徐圆和张林玲（2019）的研究结论相似。可能的解释在于：农村人口教育结构的变迁，提升了农村整体人力资本存量水平，提高了农业劳动生产效率，促进了农业科学技术进步，推动了农村产业结构升级，进而增强了农村经济韧性。

6.3.1.3 控制变量的实证结果分析

此外，关于各控制变量结果见表6-5中回归（1）至（3）。

农村人口总量（*TRP*）对农村经济韧性的估计系数为正，且在1%水平上显著。分析原因在于：农村人口数量不仅是农村经济系统的基础性要素，更是提升农村经济韧性的基础条件。其中丰裕的人口数量不仅是农村经济系统抵御内外界冲击的实践主体，更是调整自身结构和功能从而开启新发展路径的重要保障力量。

农村经济规模（*ECO*）对农村经济韧性的估计系数在1%水平上显著为正。分析原因在于：一方面，从理论视角分析，由于农村经济系统作为农村经济韧性的物质载体，农村经济韧性的构成因素存在于农村经济系统内部，故农村经济规模越大的地区则该地区的经济韧性越强；另一方面，从现实角度分析，农村经济规模较大的地区往往拥有丰富的资源禀赋、完善的产业体系、先进的生产方式、雄厚的生产基础、较高的产出效率，能够为农村经济系统应对内外部冲击提供坚实的物质保障。

生态环境治理（*ENV*）对农村经济韧性的估计系数在1%水平上显著为正。分析原因在于：政府环境规制的目的是保护生态环境、促进农村经济系统的可持续发展，其中生态系统治理有利于提升农村生产资源的可再生能力，改变传统粗放式生产方式并提高农业产出效率，从而提升农村经济韧性（Brown，2012）。

地区市场规模（*MAR*）对农村经济韧性的估计系数虽然为正，但不显著。分析原因在于：改革开放以来，中国农村市场体系逐渐形成、市场规模逐步扩大、运行机制逐渐健全、法律法规逐渐完善，有效推进了农村市场化改革，成为提升农村经济韧性的重要力量，但仍然存在农村生产要素市场发育滞后、城乡之间及农村地区之间市场呈现分割状态、农村市场的运行效率有待提升等问题，因此尚未表现出显著作用（李万君、李艳军、史清华，2023）。

6.3.2 异质性回归结果及分析

6.3.2.1 区域异质性的检验结果

根据前文对中国农村人口三大结构的空间演变特征研究发现，农村人口年龄结构、就业结构和教育结构的空间分布非均衡性特征突出，其中人口年龄与就业结构呈现“东高西低”的空间分布特征，基础型教育人力资本呈现“西高东低”的空间分布特征，专业型教育人力资本呈现“东西高，中部低”的空间分布特征，可见上述人口结构在东中西三大地区的异质性较为明显。因此，本书认为农村人口结构作用于农村经济韧性的影响效应可能存在显著的区域异质性。

为进一步探究不同区域农村人口结构变迁对农村经济韧性影响的差异特征，本节在全国层面农村数据分析的基础上，进一步对全国农村进行区域划分，地区划分标准参照《中国统计年鉴2010》，将全国31个省级行政区划分成东部、中部和西部三大经济区域，进一步对各区域进行回归，其中东部地区包括京、津、冀、鲁、苏、浙、沪、粤、辽、琼、闽11个省（自治区、直辖市），中部地区包括晋、吉、黑、皖、赣、豫、鄂、湘8个省（自治区、直辖市），西部地区包括川、渝、贵、滇、陕、甘、青、宁、新、桂、内蒙古、藏12个省（自治区、直辖市）。由于各区域回归所使用的样本类型为典型的“T>N”长面板数据，因此本书采用固定效应最小二乘虚拟变量法（LSDV）可以得到更为有效的估计系数。表6-6报告了区域异质性的估计结果。

表6-6 **区域异质性回归参数及检验结果**

变量	*AGING*			*EMP*			*EDU*		
	东部地区	中部地区	西部地区	东部地区	中部地区	西部地区	东部地区	中部地区	西部地区
	回归（10）	回归（11）	回归（12）	回归（13）	回归（14）	回归（15）	回归（16）	回归（17）	回归（18）
AGING	-0.0795*	-0.0116***	-0.0047***						
	(-1.88)	(-7.74)	(-8.82)						
EMP				0.0525**	0.1058***	0.1258***			
				(2.53)	(3.60)	(9.79)			

续表

	AGING			*EMP*			*EDU*		
EDU							0.0611*** (7.16)	0.0082 (0.84)	0.0328** (2.53)
TRP	0.0763*** (15.67)	0.1543*** (12.35)	0.0167*** (3.53)	0.0648*** (16.27)	0.1723*** (8.02)	0.0307*** (4.88)	0.0751*** (19.95)	0.1460*** (10.19)	0.0305*** (4.28)
ECO	0.0177*** (3.31)	0.3898*** (3.47)	0.0400*** (4.28)	0.0259*** (12.09)	0.7589*** (4.02)	0.0200** (2.24)	0.0563*** (11.93)	0.6650*** (3.88)	0.0403*** (3.35)
ENV	0.0630*** (6.85)	0.1544*** (2.84)	0.0759*** (7.11)	0.0715*** (7.48)	0.0283** (2.30)	0.0558*** (4.20)	0.0905*** (9.28)	0.0187* (1.75)	0.0506*** (4.75)
MAR	0.0135*** (3.78)	0.0935*** (5.44)	0.0094 (1.04)	0.0241*** (5.06)	0.0906*** (5.69)	0.0029 (0.28)	0.0676* (1.86)	0.1012*** (4.98)	0.1225 (1.59)
常数项	-0.7308*** (-13.06)	-2.1471*** (-8.24)	-0.2850*** (-6.54)	-0.8580*** (-19.01)	-2.8749*** (-5.71)	-0.3941*** (-6.98)	-1.4427*** (-12.43)	-2.5410*** (-5.80)	-0.5027*** (-3.83)
样本观测值	220	160	240	220	160	240	220	160	240
p值	0.0000	0.0000	0.0000	0.0000	0.0000	0.0000	0.0000	0.0000	0.0000
R^2	0.8441	0.8946	0.8383	0.8436	0.8640	0.8363	0.8656	0.8493	0.7912
模型选择	LSDV	LSDV	LSDV	LSDV	LSDV	LSDV	LSDV	LSDV	LSDV

注：①***、**、*分别表示1%、5%、10%水平上显著；②括号里的数值为系数的z值。

(1) 农村人口年龄结构的区域差异分析

从回归（10）至（12）结果看，东部、中部、西部农村人口年龄结构对于农村经济韧性的估计系数分别为-0.0795、-0.0116和-0.0047，均为负向且显著，这表明农村老年人口抚养比重的上升能够抑制三大地区的农村经济韧性，对比估计系数可知，农村人口年龄结构对东部地区农村经济韧性的负向效应最强，中部次之，西部最弱。

分析原因可知：结合前文研究结论，2001—2020年中国农村65岁及以上人口比重呈现显著上升趋势，并在2020年呈现自东向西依次递减的空间分布特征，可见农村人口老龄化进程对东部地区农村经济韧性的抑制作用将显著高于对中西部地区的抑制作用。同时结合前文的研究结论，2001—2020年中国农村三大地区65岁及以上人口比重的上升幅度由大到小依次为中、东、西部地区，因此对于中西部的农村地区来说，随着时间的推移，未来农村人口深度老化趋势对中西部特别是中部地区农村经济韧性的抑制作用将逐渐凸显。

（2）农村人口就业结构的区域差异分析

从回归（13）至（15）结果看，农村人口就业结构对东部、中部、西部地区农村经济韧性的估计系数分别为0.0525、0.1058和0.1258，均为正向且显著，这表明农村非农就业人口比重的上升能够促进三大地区的农村经济韧性，对比估计系数可知，农村人口就业结构对西部地区农村经济韧性的正向效应最强，中部次之，东部最弱。

分析原因可知：农村人口就业结构的变迁，将极大地通过收入回流效应弥补农业生产的资金缺口，同时增强了农机技术与生化技术对农业生产劳动力的要素替代，进而有效提升了农村经济韧性。

值得注意的是，农村非农就业人口比重的提升对东部地区农村经济韧性影响的边际贡献率相对较小，结合前文研究结论，2020年中国农村非农就业人员比重呈现出“东高西低”的空间分布特征且2001—2020年东部地区的上升幅度最大，可见在一定程度上是东部地区农村剩余劳动力充分转移的结果。相反，农村非农就业人口比重的提升对西部地区农村经济韧性影响的边际贡献率相对较大，分析原因可知，一方面因该地区农村非农产业占比相对较小，农村非农就业人员中“离土不离乡”的劳动力相对较少，农村非农就业人员普遍以外出务工为主（陈涛、陈池波，2017），表明现阶段该地区农村剩余劳动力的转移程度尚不够充分；另一方面与东部地区相比，西部地区的整体发展水平相对滞后，面临着农业农村人才匮乏、农业基础设施不完善、农业生产方式落后等问题，因此农村经济韧性较容易实现快速提升（宋结合，2015）。

（3）农村人口教育结构的区域差异分析

从回归（16）至（18）结果看，农村人口教育结构对东部和西部地区农村经济韧性的估计系数分别为0.0611和0.0328，分别在1%和5%的水平上显著，表明农村人口平均受教育年限的增加能够促进东部和西部地区农村经济韧性的提升。相反，估计系数在中部地区为正但不显著，表明现阶段农村人口平均受教育年限的增加不能显著促进中部地区农村经济韧性的提升。

分析原因可知：中部地区作为我国具有代表性的商品粮生产基地，具有悠久的农业开发历史、良好的资源禀赋条件、较强的农业生产能力以及较大的政策支持力度等优势，但该地区作为我国代表性的传统农业区，同样也面临着资源与环境约束趋紧、农业产业链条效益偏低、农业基础设施相对薄弱等问题。进一步对比发达地区，中部地区的农业科技水平相对滞后，表现在农业科技（粮食科技）人才总量匮乏以及农业科技贡献率偏低，成为制约本地区农业现代化发展的主要障碍（黄国勤，2022）。除此之外，结合前文研究结论，2020年中国农村专业型教育人力资本比重呈现“东西高，中部低”的空间分布特征且2001—2020年中部地区的上升幅度最小，可见中部地区农村专业型教育人力资本存量与本地区农村经济总体发展水平的变化趋势并不同步。综上分析，中部地区农村人口平均受教育年限的增加未能促进农村经济韧性的提升。

6.3.2.2 维度异质性的检验结果

根据前文对农村经济韧性概念的界定，本书将农村经济韧性划分为抵抗力、适应力和重构力3个维度，并结合前文农村经济韧性的分维度时间演变特征发现，2001—2020年，中国农村经济韧性各维度均呈现波动上升的显著态势，其中抵抗力最高，重构力次之，适应力最低，同时适应力自2014年开始进入停滞增长状态，三者协同提升能力较弱；进一步发现，抵抗力与重构力对农村经济韧性的贡献度呈现波动减弱态势，适应力对农村经济韧性的贡献度呈现波动增强态势。可见，农村人口结构变迁对农村经济韧性不同维度的影响效应可能存在显著差异。

为了验证该猜想，本书在探究农村人口结构变迁对农村经济韧性影响的地区差异性基础上，进一步分维度考察了农村人口结构变迁对农村经济韧性影响的维度差异性，维度划分标准参照前文对农村经济韧性的定义进行。此外，由于Hausman检验结果在1%的水平下均显著，拒绝了自变量与随机误差项不相关的原假设，并考虑到随时间、地点趋势变化且不易被观测到的因素对模型的影响，故本节采用双向固定效应模型可得到有效的估计系数。表6-7报告了维度异质性的估计结果。

（1）农村人口年龄结构的维度差异分析

从回归（19）至（21）结果看，农村人口年龄结构对农村经济韧性抵抗力、适应力和重构力的估计系数分别为-0.0274、-0.0187和-0.0002，均为负向且显著，这表明农村老年人口抚养比重的上升对农村经济韧性的抵抗力、适应力和重构力均具有抑制作用。对比回归系数可知，农村人口年龄结构对农村经济韧性抵抗力的负向作用最强，适应力次之，重构力最弱。

表6-7　维度异质性回归参数及检验结果

变量	*AGING*			*EMP*			*EDU*		
	抵抗力	适应力	重构力	抵抗力	适应力	重构力	抵抗力	适应力	重构力
	回归（19）	回归（20）	回归（21）	回归（22）	回归（23）	回归（24）	回归（25）	回归（26）	回归（27）
AGING	-0.0274*** (-4.67)	-0.0187*** (-2.84)	-0.0002** (-2.33)						
EMP				0.0311*** (5.06)	0.0146** (2.09)	0.00003 (0.81)			
EDU							0.0227 (1.57)	0.0436*** (2.73)	0.0010 (0.78)
TRP	0.0095 (0.04)	0.0045 (1.61)	0.00004 (0.29)	0.0003 (1.26)	0.0024 (0.88)	0.0004 (0.32)	0.0002 (0.98)	0.0033 (1.21)	0.0003 (0.22)
ECO	0.0052 (1.35)	0.0166*** (3.82)	0.0054** (2.46)	0.0087** (2.28)	0.0188*** (4.38)	0.0045** (2.09)	0.0093** (2.35)	0.0208*** (4.76)	0.0043* (1.93)
ENV	0.0018 (1.28)	0.0285*** (2.69)	0.0041 (0.77)	0.0010 (0.72)	0.0326*** (3.09)	0.0023 (0.43)	0.0006 (0.46)	0.0348*** (3.31)	0.0019 (0.36)
MAR	0.0174*** (7.44)	0.0172*** (6.56)	0.0109*** (8.22)	0.0194*** (8.35)	0.0184*** (7.00)	0.0105*** (7.90)	0.0195*** (7.94)	0.0199*** (7.34)	0.0103*** (7.49)
常数项	-0.0195 (-1.20)	-0.2145*** (-10.38)	-0.0790*** (-9.22)	-0.0985*** (-6.98)	-0.2640*** (-14.94)	-0.0728*** (-8.75)	-0.0913*** (-4.51)	-0.3008*** (-12.17)	-0.0748*** (-8.53)
样本观测值	620	620	620	620	620	620	620	620	620
*F*值 (*p*值)	358.51 0.0000	390.64 0.0000	347.23 0.0000	361.44 0.0000	387.48 0.0000	343.49 0.0000	343.31 0.0000	390.11 0.0000	343.46 0.0000
R^2	0.7543	0.7698	0.7483	0.7558	0.7684	0.7462	0.7461	0.7696	0.7462
模型选择	FE	FE	FE	FE	FE	FE	FE	FE	FE

注：①***、**、*分别表示1%、5%、10%水平上显著；②括号里的数值为系数的*t*值。

分析原因可知：农村人力资本作为农村经济社会发展的基础性要素，拥有充足劳动力数量和良好健康状态的农村人力资本是农村经济系统抵御内外界冲击并恢复自身结构与功能的实践主体。结合前文机制分析可知，随着农村人口年龄的增长，受制于体力、健康趋于下降的影响，将降低全社会的劳动生产效率，从而加深了生产要素在农村产业部门间的错配，动摇了农村经济系统抵御内外部冲击的生产（物质）基础，降低了农村经济系统运行的稳定性，故不利于农村经济韧性抵抗力的提升。

（2）农村人口就业结构的维度差异分析

从回归（22）至（24）结果看，农村人口就业结构对农村经济韧性抵抗力、适应力和重构力的估计系数分别为0.0311、0.0146和0.00003，其中仅抵抗力和适应力的估计系数通过了显著性检验，这表明农村非农就业人口比重的上升主要通过增强农村经济韧性的抵抗力与适应力来锻造农村经济韧性。

分析原因可知：农村人口就业结构的变迁很大可能促进农地流转行为的发生，降低了农业交易费用与管理成本，提高了农户家庭应对内外部风险的承担能力（Wouterse，2010），巩固了农村经济韧性的生产基础，增强了农村经济系统运行的稳定性。与此同时，农村家庭非农（工资性、经营性）收入的增加，弥补了农业生产的资金缺口，提升了农户对先进生产资料（机械化服务）的购买能力，优化了农业生产要素的配置效率与生产组合，有效促进了农业生产效率的提升，从而增强了农村经济韧性的适应力。然而，由于农村地区大量身体素质良好、劳动能力较强、文化水平较高的实用人才加速外流，不利于农业新技术、新机械的应用与推广，制约了农业生产方式的变革与农业产出效率的提升，从而对农村经济韧性重构力的影响不明显。

（3）农村人口教育结构的维度差异分析

从回归（25）至（27）结果看，农村人口教育结构对农村经济韧性抵抗力、适应力和重构力的估计系数分别为0.0227、0.0436和0.0010，其中仅适应力的估计系数通过了显著性检验，这表明农村人口平均受教育年限的增加主要通过增强农村经济韧性的适应力来锻造农村经济韧性。

值得注意的是，农村经济韧性抵抗力中农村人口教育结构估计系数的

t值为1.57，p值为0.117，而重构力中农村人口教育结构估计系数的t值为0.78，p值为0.433，显然抵抗力中农村人口教育结构的估计系数与10%的显著性水平更为接近，因此应在进一步发挥农村人口教育结构提升农村经济韧性适应力的基础上，优先利用农村人口教育结构锻造农村经济韧性抵抗力。此外，农村人口教育结构对农村经济韧性重构力的估计系数最小且不显著，分析原因可能是：2001—2020年中国农村人口平均受教育水平总体偏低且与全国平均水平的差距逐步扩大，技术型与专业型教育人力资本仍然偏少，其中农业农村人才不仅表现出总量相对匮乏，还表现出结构失衡的特点，不利于农村经济系统催生出新的生产活动（新产业、新业态、新模式），阻滞了农村经济进入新的增长路径，从而不利于提升农村经济韧性重构力。

6.3.3 稳健性检验

为提高研究结论的可信度，本书采用改变测度方法、减少样本容量以及更换计量模型共3种方式对基准面板模型的回归结果进行稳健性检验。模型估计结果见表6-8，其中回归（28）至（30）为采用因子分析法测度的农村经济韧性所估计出的农村人口结构变迁对农村经济韧性影响的实证结果；回归（31）至（33）为剔除北京、重庆、上海、天津4个直辖市样本后的基准面板模型参数估计结果；回归（34）至（36）为利用动态系统GMM模型进行实证检验的结果。

表6-8 稳健性回归参数及检验结果

变量	方法1（改变测度方法）			方法2（减少样本容量）			方法3（更换计量模型）		
	回归（28）	回归（29）	回归（30）	回归（31）	回归（32）	回归（33）	回归（34）	回归（35）	回归（36）
L..REC							0.5760***	0.7258***	0.7194***
							(4.85)	(5.21)	(5.55)
AGING	-0.0028***			-0.0827***			-0.0017***		
	(-3.59)			(-6.12)			(-4.92)		
EMP		0.0962***			0.0230*		—	0.0288	
		(4.37)			(1.77)			(1.26)	
EDU			0.1393**			0.0865***			0.0645*
			(2.52)			(2.63)			(1.72)

续表

变量	方法1（改变测度方法）			方法2（减少样本容量）			方法3（更换计量模型）		
	回归（28）	回归（29）	回归（30）	回归（31）	回归（32）	回归（33）	回归（34）	回归（35）	回归（36）
TRP	1.0998***	0.8254***	0.8827***	0.0097*	0.0001	0.0023	0.0010***	0.0002	0.0002
	(5.81)	(4.59)	(4.87)	(1.84)	(0.02)	(0.43)	(4.37)	(1.19)	(0.69)
ECO	0.0494***	0.0408**	0.0466***	0.0406***	0.0481***	0.0533***	0.0004	0.0083	0.0067
	(3.09)	(2.58)	(2.91)	(4.82)	(5.56)	(5.99)	(0.01)	(1.13)	(1.18)
ENV	0.0618*	0.0191	0.0279	0.0039	0.0276	0.0324*	0.0105**	0.0076*	0.0075**
	(1.72)	(0.55)	(0.80)	(0.20)	(1.42)	(1.67)	(2.38)	(1.94)	(2.43)
MAR	0.0038	0.0108	0.0114	0.0359***	0.0405***	0.0430***	0.0156***	0.0103*	0.0113**
	(0.29)	(0.82)	(0.86)	(7.01)	(7.71)	(8.05)	(3.15)	(1.86)	(2.14)
常数项	-0.7451***	-0.6129***	-0.7045***	-0.2806***	-0.4544***	-0.5375***	-0.1441**	-0.1617***	-0.1734***
	(-4.77)	(-4.08)	(-4.48)	(-7.06)	(-13.15)	(-10.47)	(-2.46)	(-3.26)	(-3.82)
样本观测值	620	620	620	540	540	540	558	558	558
*F*值	77.47	78.56	76.34	674.84	626.00	631.37			
(*p*值)	0.0000	0.0000	0.0000	0.0000	0.0000	0.0000			
R^2	0.7670	0.7694	0.7643	0.8691	0.8604	0.8614			
AR（1）*p*值							0.013	0.011	0.015
AR（2）*p*值							0.614	0.096	0.132
Hansen *p*值							0.987	0.982	0.978
模型选择	FE	FE	FE	FE	FE	FE	SYS-GMM	SYS-GMM	SYS-GMM

注：①***、**、*分别表示1%、5%、10%水平上显著；②回归（28）至（33）括号里的数值为系数的*t*值，回归（34）至（36）括号里的数值为系数的z值。

6.3.3.1 改变测度方法

考虑到被解释变量的稳定性问题，本章在前文采用熵值法和多指标综合评价模型对农村经济韧性综合评价指数进行实证测度的基础上，重新采用因子分析法计算农村经济韧性综合水平并进行固定效应回归分析。

6.3.3.2 减少样本容量

由于4个直辖市因城市的性质和功能使然，农业经济基础比较薄弱，非农产业较为发达，农业对地区生产总值的贡献度相对有限，农村经济韧性在全国排名相对靠后。因此，考虑到直辖市在农村人口结构、农业生产基础、农业生产方式以及农业扶持政策等方面均明显有别于其他省（自治区、直辖市），本章在前文对总体样本进行回归分析的基础上，进一步剔除了北京、重庆、上海、天津4个直辖市的特殊样本后进行参数估计。

6.3.3.3 更换计量模型

考虑到经济系统发展往往会存在一定的惯性和连续性，农村经济韧性作为农村经济系统的固有属性，农村经济韧性也可能存在一定的时滞性和动态性，即上一期的农村经济韧性会对本期农村经济韧性存在一定的影响。同时，由于基准模型中滞后项的引入所带来的内生性问题以及本书所采用的是短面板数据类型，故本书基于模型（6-3），引入农村经济韧性的滞后一期值作为解释变量，采用系统GMM估计方法进行检验。

为了增强动态面板模型估计结果的可靠性，首先对模型设定的合理性与工具变量选择的有效性进行检验，模型残差序列相关性检验AR（1）的p值分别为0.013、0.011、0.015，在5%的水平下拒绝原假设，而AR（2）的p值分别为0.614、0.096、0.132，在5%的水平下接受原假设，表明模型差分项的残差项存在一阶自相关，不存在二阶自相关。同时过度识别Hansen检验统计量p值分别为0.987、0.982、0.978，均大于0.1，接受工具变量是外生的原假设，表明模型所选工具变量是有效的。因此，本书模型设定合理，工具变量有效，系统GMM动态模型的估计结果相对可靠和稳健。

对比回归（28）、（31）、（34）的结果看，农村人口年龄结构对农村经济韧性的影响显著为负，表明农村老年人口抚养比重的上升对农村经济韧性具有抑制作用；对比回归（29）、（32）、（35）的结果看，农村人口就业结构对农村经济韧性影响具有正向效应，表明农村非农就业人口比重的上升对农村经济韧性具有促进作用；对比回归（30）、（33）、（36）的结果看，农村人口教育结构对农村经济韧性的影响显著为正，表明农村人口平均受教育年限的增加对农村经济韧性具有促进作用。同时，无论是回归（34）至（36），农村经济韧性的滞后一阶项均与农村经济韧性具有显著的正相关关系，且系数均通过了1%的显著性水平检验，表明农村经济韧性会受到前期变化的影响，是一个持续的发展变化过程。

综上，从改变测度方法、减少样本容量以及更换计量模型三种稳健性检验方法的估计系数可以看出，农村人口年龄结构、农村人口就业结构与农村人口教育结构对农村经济韧性影响的估计系数在大小和显著性上均未发生明显改变。可见，稳健性检验与上述基准模型回归结果基本一致，这说明上述研究结论依然成立。

6.3.4 影响机制检验结果分析

6.3.4.1 农村人口年龄结构对农村经济韧性影响的中介效应检验

为进一步验证农村人口年龄结构变迁对农村经济韧性影响的作用机制，本书运用中介效应模型检验农村人口年龄结构对农村经济韧性的中介效应，分别将劳动生产效率、农业技术进步和产业结构升级作为中介变量加入中介效应模型，回归估计结果见表6-9。

表6-9 农村人口年龄结构对农村经济韧性的作用机制检验结果

变量	*REC*	*LPE*	*REC*	*ATP*	*REC*	*INS*	*REC*
	回归（37）	回归（38）	回归（39）	回归（40）	回归（41）	回归（42）	回归（43）
AGING	−0.0444***	−0.4300***	−0.0274**	0.0093	−0.0444***	−0.0436***	−0.0402***
	(−3.66)	(−5.24)	(−2.29)	(0.42)	(−3.66)	(−5.11)	(−3.24)
MED			0.0395***		0.0038		0.0967
			(6.70)		(0.17)		(1.65)
控制变量	控制	控制	控制	控制	控制	控制	控制
常数项	−0.2559***	2.5795***	−0.3578***	1.9924***	−0.2634***	0.0766***	−0.2633***
	(−7.61)	(11.33)	(−9.99)	(32.69)	(−4.65)	(3.24)	(−7.77)
中介变量		*LPE*		*ATP*		*INS*	
Sobel Mediation test				*Z*=−1.062 *P*=0.2884		*Z*=−1.9010 *P*=0.0573	
Bootstrap test (ind_eff)				*Z*=−1.0400 *P*=0.2970		*Z*=−2.1700 *P*=0.0300	
中介效应是否显著		是		否		是	
中介效应		−0.0170				−0.0042	

续表

变量	REC	LPE	REC	ATP	REC	INS	REC
	回归（37）	回归（38）	回归（39）	回归（40）	回归（41）	回归（42）	回归（43）
样本观测值	620	620	620	620	620	620	620
*F*值	619.59	1 942.23	562.66	1300.11	515.47	13.75	518.29
（*p*值）	（0.0000）	（0.0000）	（0.0000）	（0.0000）	（0.0000）	（0.0000）	（0.0000）
R^2	0.8414	0.9433	0.8527	0.9176	0.8414	0.1053	0.8421

注：①***、**、*分别表示1%、5%、10%水平上显著；②括号里的数值为系数的t值；③中介效应的各步骤回归模型均选择固定效应模型；④Goodman-1检验结果、Goodman-2检验结果与Sobel检验结果非常接近，不再汇报。

（1）基于劳动生产效率的中介效应检验

回归（37）中农村人口年龄结构（*AGING*）的估计系数β_1，在1%的水平上显著为负；回归（38）中农村人口年龄结构（*AGING*）的估计系数η_1，在1%的水平上显著为负，说明农村人口年龄结构变迁抑制了农业劳动生产效率；回归（39）中劳动生产效率（*LPE*）的估计系数α_2，在1%统计水平上显著为正，农村人口年龄结构（*AGING*）的估计系数α_1，在5%的水平上显著为负，但相比于回归（37）的估计系数β_1的数值变大，表明劳动生产效率发挥了部分中介效应的作用，即农村人口年龄结构变迁部分通过降低农业劳动生产效率进而减弱农村经济韧性。经计算，劳动生产效率的中介效应约为-0.0170，约占农村人口年龄结构影响农村经济韧性总效应的38.25%。

其经济逻辑可能是：随着农村人口年龄结构的变迁，受制于农村老龄劳动力体力、健康因素下降的影响，将降低农业生产强度或逐渐退出农业生产，引起家庭劳动参与率的下降，进而降低家庭劳动生产的精细度，从而制约全社会劳动生产效率。农业劳动生产效率的提升，不仅有利于缓解要素资源在农村产业部门间的错配，实现农业生产要素的合理利用与优化配置，还将扩大农业生产经营主体的生产规模和利润空间，增加现代生产技术要素的投入，有助于提升农村产业价值链，从而提升农村经济韧性。

可见，农村人口年龄结构的变迁通过降低农业劳动生产效率从而制约农村经济韧性。

（2）基于农业技术进步的中介效应检验

回归（37）中农村人口年龄结构（*AGING*）的估计系数β_1，在1%的水平上显著为负；回归（40）中农村人口年龄结构（*AGING*）的估计系数η_1为正但不显著，说明农村人口年龄结构变迁促进了农业技术进步；回归（41）中农业技术进步（*ATP*）的估计系数α_2同样为正但不显著，农村人口年龄结构（*AGING*）的估计系数α_1，在1%的水平上显著为负。根据中介效应模型检验要求，如果η_1和α_2至少有一个不显著时，则要通过Sobel检验或Bootstrap检验来进行间接效应显著性的判别（是否拒绝假设H_0：$\eta_1 \times \alpha_2 = 0$），以判断中介效应是否存在。Sobel检验和Bootstrap检验结果表明，均不拒绝原假设，表明现阶段农村人口年龄结构还不能通过农业技术进步缓解对农村经济韧性的负向影响。

可见，农村人口年龄结构的变迁对农村经济韧性的影响不存在基于农业技术进步的中介效应。

（3）基于产业结构升级的中介效应检验

回归（37）中农村人口年龄结构（*AGING*）的估计系数β_1，在1%的水平上显著为负；回归（42）中农村人口年龄结构（*AGING*）的估计系数η_1，在1%的水平上显著为负，说明农村人口年龄结构变迁抑制了产业结构升级；回归（43）中产业结构升级（*INS*）的估计系数α_2为正但不显著，农村人口年龄结构（*AGING*）的估计系数α_1，在1%的水平上显著为负，但相比于回归（37）的估计系数β_1的数值变大。根据中介效应模型检验要求，如果η_1和α_2至少有一个不显著时，则要通过Sobel检验或Bootstrap检验来进行间接效应显著性的判别（是否拒绝假设H_0：$\eta_1 \times \alpha_2 = 0$），以判断中介效应是否存在。Sobel检验和Bootstrap检验结果表明，均拒绝原假设，表明产业结构升级发挥了部分中介效应的作用，即农村人口年龄结构变迁部分通过抑制农村产业结构升级进而减弱农村经济韧性。经计算，产业结构升级的中介效应约为-0.0042，约占农村人口年龄结构影响农村经济韧性总效应的9.50%。

其经济逻辑可能是：随着农村人口年龄结构的变迁，因劳动力身体机能退化、劳动精力不足、教育水平偏低等影响，不利于劳动节约型技术与生物化学技术的应用与推广，限制推动了农村产业结构整体向“服务化”

方向的发展，从而不利于农村产业向高级化发展的需求趋势。农村产业结构的升级，不仅有利于通过提升产业协调关联程度和生产要素配置效率对农村经济韧性产生影响，还将通过发挥产业结构红利和改变农业产品属性对农村经济韧性产生影响。

可见，农村人口年龄结构的变迁通过阻碍农村产业结构升级从而制约农村经济韧性。

6.3.4.2 农村人口就业结构对农村经济韧性影响的中介效应检验

为进一步验证农村人口就业结构变迁对农村经济韧性影响的作用机制，本书运用中介效应模型检验农村人口就业结构对农村经济韧性的中介效应，分别将农业技术进步和农业规模经营作为中介变量加入中介效应模型，回归估计结果见表6-10。

表6-10 **农村人口就业结构对农村经济韧性的作用机制检验结果**

变量	*REC*	*ATP*	*REC*	*ASO*	*REC*
	回归（44）	回归（45）	回归（46）	回归（47）	回归（48）
EMP	0.0393*** （3.07）	0.0330 （1.43）	0.0392*** （3.06）	0.1040 （1.44）	0.0342*** （2.77）
MED			0.0030 （0.08）		0.0492*** （6.97）
控制变量	控制	控制	控制	控制	控制
常数项	−0.3727*** （−12.66）	1.9749*** （37.20）	−0.3728*** （−12.64）	0.3073* （1.85）	−0.3878*** （−13.66）
中介变量		*ATP*		*ASO*	
Sobel Mediation test		*Z*=4.6030 *P*=0.0000		*Z*=−6.8770 *P*=0.0000	
Bootstrap test（ind_eff）		*Z*=5.2300 *P*=0.0000		*Z*=−6.9400 *P*=0.0000	
中介效应是否显著		是		是	
中介效应		0.0001		0.0051	

续表

变量	REC	ATP	REC	ASO	REC
	回归（44）	回归（45）	回归（46）	回归（47）	回归（48）
样本观测值	620	620	620	620	620
F值	614.68	1304.61	511.36	4.68	562.12
（p值）	（0.0000）	（0.0000）	（0.0000）	（0.0000）	（0.0000）
R^2	0.8403	0.9178	0.8403	0.0385	0.8526

注：①***、**、*分别表示1%、5%、10%水平上显著；②括号里的数值为系数的t值；③中介效应的各步骤回归模型均选择固定效应模型；④Goodman-1检验结果、Goodman-2检验结果与Sobel检验结果非常接近，不再汇报。

（1）基于农业技术进步的中介效应检验

回归（44）中农村人口就业结构（*EMP*）的估计系数β_1，在1%的水平上显著为正；回归（45）中农村人口就业结构（*EMP*）的估计系数η_1为正但不显著，说明农村人口就业结构变迁促进了农业技术进步；回归（46）中农业技术进步（*ATP*）的估计系数α_2为正但不显著，农村人口年龄结构（*EMP*）的估计系数α_1，在1%的水平上显著为正，但相比于回归（44）的估计系数β_1的数值变小。根据中介效应模型检验要求，如果η_1和α_2至少有一个不显著时，则要通过Sobel检验或Bootstrap检验来进行间接效应显著性的判别（是否拒绝假设H_0：$\eta_1 \times \alpha_2 = 0$），以判断中介效应是否存在。Sobel检验和Bootstrap检验结果表明，均拒绝原假设，表明农业技术进步发挥了部分中介效应的作用，即农村人口就业结构变迁通过部分推动农业技术进步对提升农村经济韧性起到了积极作用。经计算，农业技术进步的中介效应约为0.0001，约占农村人口就业结构影响农村经济韧性总效应的0.25%。

其经济逻辑可能是：随着农村人口就业结构的变迁，增加了农村家庭的非农收入，弥补了农业生产购买化学农资和生产性机械服务的资金缺口，同时劳动力要素稀缺性变化所引起的相对价格改变对先进技术应用产生了诱致性作用，从而引致了劳动节约型技术进步。农业技术进步不仅有助于农村产业部门的细分，促进了农村产业结构布局的多样化，从而可更好地分散、钝化不确定性冲击带来的风险，还优化了农业生产要素的配置效率与生产组合进而促进农业生产效率的提升，进一步通过资源重新利用引发新一轮技术创新，从而催生出新的生产活动并形成新的比较优势，推动农村经济系统进入新一轮的增长路径，从而提升农村经济韧性。

可见，农村人口就业结构变迁通过推动农业技术进步从而提升农村经济韧性。

（2）基于农业规模经营的中介效应检验

回归（44）中农村人口就业结构（*EMP*）的估计系数β_1，在1%的水平上显著为正；回归（47）中农村人口就业结构（*EMP*）的估计系数η_1为正但不显著，说明农村人口就业结构变迁促进了农业规模经营；回归（48）中农业规模经营（*ASO*）的估计系数α_2，在1%的水平上显著为正，农村人口就业结构（*EMP*）的估计系数α_1，在1%的水平上显著为正，但相比于回归（44）的估计系数β_1的数值变小。根据中介效应模型检验要求，如果η_1和α_2至少有一个不显著时，则要通过Sobel检验或Bootstrap检验来进行间接效应显著性的判别（是否拒绝假设H_0：$\eta_1 \times \alpha_2 = 0$），以判断中介效应是否存在。Sobel检验和Bootstrap检验结果表明，均拒绝原假设，表明农业规模经营发挥了部分中介效应的作用，即农村人口就业结构变迁部分通过促进农业规模经营对提升农村经济韧性起到了积极作用。经计算，农业规模经营的中介效应约为0.0051，约占农村人口就业结构影响农村经济韧性总效应的12.98%。

其经济逻辑可能是：随着农村人口就业结构的变迁，提升农户的工资性收入，促进了土地规模化发展，逐渐弱化了农村土地对农户的社会保障功能，并通过示范效应推动了邻近地区土地加速流转。农业规模经营通过提升土地产出率、劳动生产率、农业全要素生产率等效率，降低农业交易费用与管理成本实现“规模经济”，巩固了农村经济韧性的生产基础，同时打破了农业生产要素在产业内与产业间的流动壁垒，改变了农业生产要素的配置组合结构，进一步通过农业生产性服务组织的建立，促进了农业新技术、新机械应用与推广，催生出新的生产方式并形成新的比较优势，从而提升了农村经济韧性。

可见，农村人口就业结构变迁通过促进农业规模经营从而提升农村经济韧性。

6.3.4.3 农村人口教育结构对农村经济韧性影响的中介效应检验

为进一步验证农村人口教育结构变迁对农村经济韧性影响的作用机制，本书运用中介效应模型检验农村人口教育结构对农村经济韧性的中介效应，分别将劳动生产效率、农业技术进步和产业结构升级作为中介变量加入中介效应模型，回归估计结果见表6-11。

表6-11 **农村人口教育结构对农村经济韧性的作用机制检验结果**

变量	*REC*	*LPE*	*REC*	*ATP*	*REC*	*INS*	*REC*
	回归（49）	回归（50）	回归（51）	回归（52）	回归（53）	回归（54）	回归（55）
EDU	0.0583** (1.97)	0.3458* (1.70)	0.0439 (1.54)	0.1497*** (2.83)	0.0582** (1.97)	0.0365* (1.73)	0.0536* (1.81)
MED			0.0418*** (7.21)		0.0004 (0.13)		0.1287** (2.22)
控制变量	控制	控制	控制	控制	控制	控制	控制
常数项	−0.3958*** (−9.51)	1.4617*** (5.12)	−0.4568*** (−11.19)	1.8463*** (24.83)	−0.3964*** (−9.46)	−0.0384 (−1.30)	−0.3909*** (−9.41)
中介变量		*LPE*		*ATP*		*INS*	
Sobel Mediation test				*Z*=1.5270 *P*=0.1268			
Bootstrap test (ind_eff)				*Z*=1.4900 *P*=0.1360			
中介效应是否显著		是		否		是	
中介效应		0.0145				0.0047	
样本观测值	620	620	620	620	620	620	620

续表

变量	REC	LPE	REC	ATP	REC	INS	REC
	回归（49）	回归（50）	回归（51）	回归（52）	回归（53）	回归（54）	回归（55）
F值	607.85	1 859.70	559.45	1 319.08	505.69	8.79	510.77
(p值)	(0.0000)	(0.0000)	(0.0000)	(0.0000)	(0.0000)	(0.0000)	(0.0000)
R^2	0.8388	0.9409	0.8520	0.9187	0.8388	0.0700	0.8402

注：①***、**、*分别表示1%、5%、10%水平上显著；②括号里的数值为系数的t值；③中介效应的各步骤回归模型均选择固定效应模型；④Goodman-1检验结果、Goodman-2检验结果与Sobel检验结果非常接近，不再汇报。

（1）基于劳动生产效率的中介效应检验

回归（49）中农村人口教育结构（*EDU*）的估计系数β_1，在5%的水平上显著为正；回归（50）中农村人口教育结构（*EDU*）的估计系数η_1，在10%的水平上显著为正，说明农村人口教育结构变迁促进了农业劳动生产效率；回归（51）中劳动生产效率（*LPE*）的估计系数α_2，在1%统计水平上显著为正，农村人口教育结构（*EDU*）的估计系数α_1为正且不显著，同时相比于回归（49）的估计系数β_1的数值明显变小，表明劳动生产效率发挥了主要中介效应的作用，即农村人口教育结构变迁主要通过提高农业劳动生产效率进而增强农村经济韧性。经计算，劳动生产效率的中介效应约为0.0145，约占农村人口教育结构影响农村经济韧性总效应的24.87%。

其经济逻辑可能是：随着农村人口教育结构的变迁，不仅通过对农村劳动力进行教育培训，提高了其自身的专业知识与实用技能，从而提升了自身农业劳动生产效率，还将通过技术扩散和知识溢出效应提升了整个农村社会的人力资本存量，从而促进了全社会农业劳动生产效率的提升。农业劳动生产效率的提升，不仅有利于缓解要素资源在农村产业部门间的错配，实现农业生产要素的合理利用与优化配置，还将扩大农业生产经营主体的生产规模和利润空间，有助于增加现代生产技术要素的投入，增强农村经济发展的增长活力，从而提升农村经济韧性。

可见，农村人口教育结构的变迁通过提高农业劳动生产效率从而促进农村经济韧性。

(2) 基于农业技术进步的中介效应检验

回归（49）中农村人口教育结构（*EDU*）的估计系数β_1，在5%的水平上显著为负；回归（52）中农村人口教育结构（*EDU*）的估计系数η_1，在1%的水平上显著为正，说明农村人口教育结构变迁促进了农业技术进步；回归（53）中农业技术进步（*ATP*）的估计系数α_2同样为正但不显著，农村人口教育结构（*EDU*）的估计系数α_1，在5%的水平上显著为正。根据中介效应模型检验要求，如果η_1和α_2至少有一个不显著时，则要通过Sobel检验或Bootstrap检验来进行间接效应显著性的判别（是否拒绝假设H_0: $\eta_1 \times \alpha_2 = 0$），以判断中介效应是否存在。Sobel检验和Bootstrap检验结果表明，均不拒绝原假设，表明现阶段农村人口教育结构还不能通过促进农业技术进步对农村经济韧性产生正向影响。

可见，农村人口教育结构的变迁对农村经济韧性的影响不存在基于农业技术进步的中介效应。

(3) 基于产业结构升级的中介效应检验

回归（49）中农村人口教育结构（*EDU*）的估计系数β_1，在5%的水平上显著为正；回归（54）中农村人口教育结构（*EDU*）的估计系数η_1，在10%的水平上显著为正，说明农村人口教育结构变迁促进了农村产业结构升级；回归（55）中产业结构升级（*INS*）的估计系数α_2，在5%的水平上显著为正，农村人口教育结构（*EDU*）的估计系数α_1，在10%的水平上显著为正，但相比于回归（49）的估计系数β_1的数值变小，表明产业结构升级发挥了部分中介效应的作用，即农村人口教育结构变迁部分通过促进农村产业结构升级进而增强农村经济韧性。经计算，产业结构升级的中介效应约为0.0047，约占农村人口教育结构影响农村经济韧性总效应的8.06%。

其经济逻辑可能是：农村人口教育结构的变迁，不仅会充分促进农业生产集聚规模效应的产生，促进各类要素生产率的提升与农业生产水平的增加，提高农业生产要素投入-产出耦合程度，从而促进农村产业结构合理化，还将推动农业先进技术与生产性服务业的发展，实现农业生产要素从生产效率较低部门向生产效率较高部门的转移，从而促进农村产业结构高级化。农村产业结构的升级，不仅有利于形成多元化的产业结构，能够在投资组合效应的作用下分散冲击带来的风险，打破农业生产要素在产业内与产业间的流动壁垒，形成农村产业间的知识溢出效应，而且将通过纵向延伸农业产业链条提升农业产业体系的整体素质与竞争力，以及横向拓展农业产业链条提升农产品的收入需求弹性即改变农业生产弱质性的天然属性，催生出农村新产业、新业态、新模式，从而提升农村经济韧性。

可见，农村人口教育结构变迁通过促进农村产业结构升级从而提升农村经济韧性。

6.4 本章小结

本章在前文对中国农村经济韧性进行水平测度的基础上，基于2001—2020年中国31个省级行政区划的农村地区面板数据，运用多种计量方法实证检验并分析了农村人口结构变迁对农村经济韧性的影响效应、差异与作用机制。首先，基于基准面板模型，采用普通最小二乘模型、双向固定效应模型和二阶段最小二乘的工具变量法进行总体回归结果分析；其次，从区域异质性出发，采用固定效应最小二乘虚拟变量法对东部、中部和西部地区进行回归结果分析；再次，从维度异质性出发，采用双向固定效应模型对抵抗力、适应力和重构力进行回归结果分析；最后，采用改变被解释变量测度方法、减少样本容量以及更换计量模型的方法进行稳健性检验。此外基于中介效应模型，分别检验了农村人口年龄结构、就业结构和教育结构变迁对农村经济韧性的作用机制。上述研究的结论为后文从人口结构视角提出强化农村经济韧性的政策建议提供了经验依据。

第7章　基于人口结构视角提升农村经济韧性的政策建议

7.1　合理开发农村老年劳动力资源

尽管本书研究发现，在样本考察期内农村人口年龄结构变迁对农村经济韧性具有显著的负向影响，但得益于农村老年劳动力的生产经验积累与专业技能增长，该群体对农资投入、作物习性、灾害防治等农业生产活动更有心得，不仅提升了自身的劳动生产效率，往往还通过对年轻劳动力的知识溢出作用从而提升全社会的农业劳动生产效率。进一步，农业劳动生产效率的提升，不仅有利于缓解要素资源在农村产业部门间的错配，实现农业生产要素的合理利用与优化配置，还将扩大农业生产经营主体的生产规模和利润空间，增加现代生产技术要素的应用，增强农村经济发展的发展动力，从而提升农村经济韧性。可见，伴随着农村人口深度老化的快速进程，虽然农村人口红利渐行消失，但蕴含在大规模农村老年劳动力身上的生产性潜能逐渐凸显，构成了农村老年人口红利的“数量”与“质量”

基础，因此应当对农村老年人力资本进行合理开发与有效利用，从而提升农村老年人口的劳动参与率（杨菊华、史冬梅，2021）。

7.1.1 完善农村老年劳动力就业制度

首先，政府应加强顶层设计，在《中华人民共和国老年人权益保障法》的基础上，增加反对就业年龄歧视以及保障老年劳动力再就业的实质化条文，重点围绕老年群体再就业过程中的劳动权利、劳动合同、劳动收入、劳动保险、劳动补贴等方面作出明确、灵活、翔实的法定性依据，从而有效保护老年劳动者与用工方的合法权益。

其次，政府可以借鉴日本、法国、瑞典等国家关于老年劳动力开发的经验，为规模雇用老年劳动力的企业制定明确的经济倾斜政策，主要涵盖就业补贴、税收优惠、融资便利等，从而鼓励更多企业为有需求、有能力的老年人提供就业岗位。

最后，政府应建立农村老年劳动力就业专属信息平台，运用大数据技术实现农村老年劳动力求职与企业需求间的信息共享，不仅可以拓展农村老年劳动力的再就业渠道，还可以提升需求单位的人岗适配水平，实现农村老年劳动力就业市场的信息对称与供需平衡。

7.1.2 优化农村老年劳动力就业环境

合理开发农村老年劳动力资源不仅要完善老年劳动力的就业制度，还要引导全社会形成对于老年劳动力再就业的正确价值观，改变人们对于老年劳动力再就业的传统理念和偏见误区。事实上，农村老年劳动力因具有积年累月的农村生产生活经历，使其掌握了熟练的农业实用技术、积累了丰富的农业生产经验、养成了踏实的吃苦耐劳精神，形成了广泛的农村社会网络，以上宝贵的老年劳动力特质是农村青壮年劳动力在短期内难以具备的，加之该群体开发成本低且稳定性较强，对于发展围绕农业活动的第三产业具有重要的意义。

因此，主流媒体应充分发挥积极的舆论引导作用，加大对于农村老年劳动力群体所具备的优势与价值的宣传力度，树立“老年劳动模范、老年志愿服务标兵、老年创业达人”等典型与榜样，改变全社会对于农村老年劳动者“老而无为论”“老而无用论”“挤压就业市场”等印象误区，营造“积极老龄化”的社会舆论氛围（金易，2012）。

7.1.3 鼓励农村老年劳动力参与就业

结合前文分析，农村人口年龄结构变迁对农村经济韧性抵抗力的负向作用最强，而农村人力资本作为农村经济韧性抵抗力的构成要素，具有充足人口数量、丰富生产经验与良好健康状态的农村劳动力必将成为农村经济系统抵御内外部冲击的重要基础。因此，在农村“人口老龄化、人口空心化、人才匮乏”的变迁趋势背景下，应合理开发农村老年劳动力资源，充分激发农村健康老年劳动群体的主观能动性，使其认识到自己可以继续为社会作出贡献，从而巩固农村经济系统的人力资本基础。

因此，农村老年劳动力应主动转变“代际回馈”的传统观念，树立继续为社会创造价值的“老有所为、老有所用”观念，以积极乐观的心态发挥自身余力，继续为社会创造财富。需要强调的是，由于老年劳动力群体的身体与心理机能不同于普通青壮年，鼓励农村老年劳动力参与就业，应在立足个人身体与心理实际状况的前提下，发挥农村老年人力资源的生产性潜能与优势，从而实现家国双赢的目标（陆杰华，2021）。

7.2 促进城乡人口双向流通

7.2.1 推进重点地区户籍制度改革

本书研究发现，样本考察期内农村人口就业结构变迁对农村经济韧性具有显著的正向影响，表明现有农村劳动力表现出明显的“生产剩余”特征，进一步从区域异质性分析，西部最强，中部次之，东部最弱，分析原因可知：中西部农村地区经济发展相对滞后，农村非农产业占比相对较小，随着工业化与城镇化的快速推进，该地区农村剩余劳动力主要向发达地区的城镇地区迁移务工，从而通过农业技术进步与农业规模经营显著提升了中西部地区农村经济韧性的边际贡献率。

因此，应持续深化主要流入区（发达地区）农业转移人口的户籍制度改革。一方面，继续完善特大城市与超大城市的积分落户政策，逐步提高居住年限、社保缴纳时长、稳定就业分值所占比重，动态调整当年积分落户分值，探索放宽上述城市的郊区和新区落户政策，实现更多农业转移人口顺利落户（李爱民、年猛、戴明锋，2022）；另一方面，持续优化超特大城市和东部大城市以居住证为载体的基本公共服务提供机制，逐步缩小暂时无法落户人口与当地户籍人口享有的各项基本公共服务差距，直至消除城市公共服务制度与户籍制度相挂钩的体制（陈晨，2023）。

此外，为提高农业转移人口进城落户的积极性，还应打消农业转移人口对个人既有农村权益的顾虑。一方面，完善“三权分置”政策的改革实践，畅通承包地与宅基地的市场流转渠道，使农业转移人口在“人地分离”的情况下，原有的各项土地权益得到维护；另一方面，制订依法自愿、有偿退出农村“三权”的具体方案，使进城落户人口获得合理的承包地与宅基地退出补偿（朱光磊、裴新伟，2021）。

7.2.2 鼓励外出人员返乡创业就业

结合前文现状分析，随着城镇化进程的持续推进以及城乡第二、三产业的快速发展，2000—2020年，中国乡村从业人员呈现农业人口快速下降，非农人口显著提升的变迁特征，改变了农村劳动力以农业为主的传统就业格局。值得关注的是，某些地区特别是中西部农村地区，农村劳动力非农就业主要通过跨区域向发达地区的城镇迁移，如果超过农村经济系统应对内外部环境变化与扰动的自我调控阈值（门槛），定将严重削弱农村经济系统抵御内外界冲击的实践主体与开启新增长路径的保障力量，从而制约农村经济韧性的提升。同时，本书实证研究发现，农村人口就业结构变迁主要通过增强农村经济韧性的抵抗力与适应力来锻造农村经济韧性，分析原因可知由于农村地区大量身体素质良好、劳动能力较强、基本素质较高的实用人才加速外流，制约了农业生产方式的变革与农业产出效率的提升，从而对提升农村经济韧性重构力并不明显。

因此，应加快推进本地外出人员返乡创业就业，从政策支持、就业创业培训与优化服务入手，出台相应的支持举措，营造良好的返乡就业创业环境。

首先，加大对返乡人员在贷款、财税、金融、场地、社保等方面的政策扶持力度，结合本地资源特色与产业定位，建立返乡创业园、创业孵化基地，并加大农村基础设施建设的投入。

其次，加强对返乡人员的就业创业培训，依据返乡人员特点、需求并结合地区经济特色，开发针对性与实用性强的就业培训项目，按规定给予创业培训补贴，同时组建专家队伍提供就业指导以及创业项目设计、风险评估与经营咨询等服务（纪韶、李小亮，2019）。

最后，完善返乡人员“一站式”就业创业服务，为其做好社保关系转接、审批流程简化、相关信息推介等服务，减少创业就业过程中的阻碍。

7.3　加大农业农村人才队伍建设

本书研究结论发现，样本考察期内农村人口教育结构变迁对农村经济韧性具有显著的正向影响，与经典的人力资本理论相吻合。进一步从维度异质性分析，农村人口教育结构对农村经济韧性重构力的估计系数最小且不显著，分析原因在于中国农村人口平均受教育水平总体偏低，并与全国平均受教育年限的差距逐步扩大，至2020年农村社会中仍有超过3/4的基础型教育阶段人口；同时农业农村人才队伍呈现出总量相对匮乏、结构失衡、教育水平较低的显著特征，不利于农村经济系统催生出新的生产活动与形成新的比较优势，阻碍开启新一轮的增长路径，进而制约农村经济韧性重构力。综上，加强农业农村人才队伍建设，积极推进乡村人才振兴，成为实现农村经济韧性提升的关键路径，其中农村实用人才和农业科技人才作为农业农村人才队伍中的中坚力量，应予以重点关注。

7.3.1　重点培育农村实用人才

一是在培育对象方面，不仅要对新生代农民、种养大户、返乡就业人员开展全产业链的职业技能培训，大力培养农村生产型与技能服务型实用人才，还要增强新型农业经营主体负责人（家庭农场、农民合作社、农业龙头企业）的经营能力、管理水平和营销技术，重点培养农村经营型实用人才。

二是在培育方式方面，积极推行课堂讲授、田野教学、流动课堂、农民夜校等多元化的培育形式，以适应不同类型生产活动农民的需求，同时借助互联网信息技术的便利性，通过现代远程教育平台、新媒体直播平台等对新型职业农民开展在线学习教育。

三是在培训内容方面，对于生产型人才，要重点培训其种植管理、畜禽养殖、渔业捕捞、农产品深加工等实用性强的技术；对于技能服务型人才，应重点使其掌握动物防疫、植物病虫害防治、农机操作与维修、农产品质量检测、农产品仓储配送等技能；对于经营型人才，要重点增强其法律法规、信贷担保和经营管理知识，特别是提升农产品电商运营水平（刘家斌、王娟，2022）。

7.3.2 发挥农业科技人才的支撑作用

根据本书研究结论，农村人口教育结构变迁对中部地区农村经济韧性影响的估计系数为正但不显著，同时2001—2020年中部地区农村专业型教育人力资本比重的上升幅度最小，且2020年地区间呈现“东西高，中部低”的空间分布特征，表明中部地区农村专业型教育人力资本存量匮乏成为制约本地区农村经济系统高质量发展的主要障碍。因此，着重加强中部地区农业科技人才队伍建设至关重要。具体来说：

首先，应因地制宜地制定农业科技人才队伍建设规划，在全面掌握现有农业科技人才状况的基础上，结合本地区农村的发展规划与产业定位，重点制定农业科研人才与农技推广人才的中长期发展规划，为农村经济系统开启新的发展路径提供专业化人才支撑。

其次，应加快实施农业科研杰出人才培养计划，充分发挥农业科技领军人才在科创人才培养、打造科创团队中的核心作用，完善农业科技人员薪酬、奖励与荣誉制度，努力在全社会形成尊重知识、尊重人才的良好氛围。

再次，引导科研院所、高等院校和企事业单位的专业技术人才定期到农村开展实用技术培训与推广服务，不仅要在职称评审、岗位聘用环节突出业绩贡献与服务经历，还应注重基层年轻农技推广人才的培养，完善农技推广人才差异化的评价办法。

最后，吸纳“土专家”“田秀才”“种养大户”进入农技推广人才队伍，鼓励地方政府对该群体发放补贴，做到人尽其才（李小敏、覃婷，2023）。

7.4 本章小结

本章依据全书的研究结论，对于从人口结构政策视角增强农村经济韧性提出了三点对策建议：

一是合理开发农村老年劳动力资源，包括完善农村老年劳动力就业制度、优化农村老年劳动力就业环境和鼓励农村老年劳动力参与就业；

二是促进城乡人口双向流通，包括推进重点地区户籍制度改革和鼓励外出人员返乡创业就业；

三是加大农业农村人才队伍建设，包括重点培育农村实用人才和发挥农业科技人才的支撑作用。

第8章　研究结论

本书从农村经济韧性的基础性要素——人口结构视角出发，在构建农村经济韧性的理论体系并分析人口结构对农村经济韧性影响机制的基础上，分别对中国农村人口结构变迁趋势和农村经济韧性的评价体系构建及演变特征进行了分析，进一步实证检验了农村人口结构变迁对农村经济韧性的影响，提出了若干对策。本书主要研究结论如下：

农村经济韧性是由农村经济系统基于适应性循环动态演化过程中自发形成，并随着农村经济系统的内部结构调整而发生变化的固有属性，具体分为三个维度：抵抗力、适应力和重构力。农村经济韧性主要由作为核心系统的农村供给系统和作为支撑系统的农村社会系统组成，同时主要面临着来自农村资源禀赋、农村主导产业和农业生产方式的初始阶段的内部冲击以及自然灾害等不可抗力因素、市场因素与政策因素的外部冲击。

伴随着中国农村人口结构发生的巨大转变，逐渐呈现出少子化与老龄化并存即深度老化、非农就业人口比重显著提升、受教育水平总体仍然偏低且农业农村人才总量匮乏的时间变迁趋势，同时人口年龄结构、就业结构和教育结构的空间分布呈现显著的非均衡性特征。

中国农村经济韧性及三大维度呈现波动上升的显著态势。分地区看，中部地区农村经济韧性最高，且高于全国平均水平，2018年以后西部地区开始超过东部地区，但仍低于全国平均水平。分维度看，抵抗力最高，重构力次之，适应力最低，其中适应力自2014年开始进入停滞增长状态，三者协同提升能力较弱。进一步发现，三大地区抵抗力、东部与中部地区重构力对农村经济韧性的贡献度呈现波动减弱态势，三大地区适应力与西部地区重构力对农村经济韧性的贡献度呈现波动增强态势。

在总体效应方面，样本考察期内，农村人口年龄结构变迁对农村经济韧性具有显著的负向影响，农村人口就业结构变迁和教育结构变迁对农村经济韧性具有显著的正向影响，上述结论在经过稳健性检验后依旧成立。

在异质性效应方面，分区域层面，农村人口年龄结构变迁对农村经济韧性抑制作用的强弱依次表现为东部地区、中部地区和西部地区，农村人口就业结构变迁对农村经济韧性促进作用的强弱依次表现为西部地区、中部地区和东部地区，农村人口教育结构变迁对农村经济韧性促进作用的强弱依次表现为东部地区、西部地区和中部地区，其中中部地区的估计系数为正但不显著；分维度层面，农村人口年龄结构变迁对农村经济韧性抑制作用的强弱依次表现为抵抗力、适应力和重构力，农村人口就业结构变迁主要通过增强农村经济韧性的抵抗力和适应力来锻造农村经济韧性，农村人口教育结构变迁主要通过增强农村经济韧性的适应力来锻造农村经济韧性。

在中介效应方面，农业劳动生产效率和农村产业结构升级是农村人口年龄结构变迁影响农村经济韧性的重要作用途径，即验证了农村人口年龄结构→劳动生产效率（产业结构升级）→农村经济韧性的传导机制，而基于农业技术进步的影响路径没有通过检验；农业技术进步和农业规模经营是农村人口就业结构变迁影响农村经济韧性的重要作用途径，即验证了农村人口就业结构→农业技术进步（农业规模经营）→农村经济韧性的传导机制；农业劳动生产效率和农村产业结构升级是农村人口教育结构变迁影响农村经济韧性的重要作用途径，即验证了农村人口教育结构→劳动生产效率（产业结构升级）→农村经济韧性的传导机制，而基于农业技术进步的影响路径没有通过检验。

本书结合实证研究结论，分别从合理开发农村老年劳动力资源、促进城乡人口双向流通、加大农业农村人才队伍建设三个方面提出了促进农村经济韧性提升的政策建议。

主要参考文献

[1] 暴向平，张学波．内蒙古经济韧性时空演化与影响因素分析［J］．资源开发与市场，2021，37（9）：1059-1065．

[2] 曹献雨．新中国70年经济增长阶段转换：基于广义人口转变的解释［J］．宁夏社会科学，2019（4）：24-31．

[3] 曾冰，张艳．区域经济韧性概念内涵及其研究进展评述［J］．经济问题探索，2018（1）：176-182．

[4] 曾雄旺，杨亦民．农业规模经营理论分析和我国的现实选择［J］．湖南社会科学，2015（3）：157-160．

[5] 陈晨．新时代农业转移人口市民化的实现路径［J］．中南民族大学学报（人文社会科学版），2023，43（5）：89-95；184-185．

[6] 陈坤秋，王良健，李宁慧．中国县域农村人口空心化——内涵、格局与机理［J］．人口与经济，2018（1）：28-37．

[7] 陈梦远．国际区域经济韧性研究进展——基于演化论的理论分析框架介绍［J］．地理科学进展，2017，36（11）：1435-1444．

[8] 陈鹏伟，宋慧琪，武耀杰，等．中国农村经济韧性评价及影响因素研究［J］．云南农业大学学报（社会科学版），2022，16（5）：43-52．

[9] 陈涛，陈池波．中国农村人口空心化测量指标改进研究［J］．中国地质大学学报（社会科学版），2017，17（1）：149-155．

[10] 陈锡文，陈昱阳，张建军．中国农村人口老龄化对农业产出影响的量化研究［J］．中国人口科学，2011（2）：39-46；111．

[11] 陈锡文．深入贯彻落实党的二十大精神全方位夯实粮食安全根基［J］．中国粮食经济，2023（1）：28-31．

[12] 陈奕玮，丁关良．中国地级市城市经济韧性的测度［J］．统计与决策，2020，36（21）：102-106．

[13] 陈奕玮，吴维库．产业集聚、技术溢出与城市经济韧性［J］．统计与决策，2020，36（23）：90-93．

[14] 成德宁，杨敏．农业劳动力结构转变对粮食生产效率的影响［J］．西北农林科技大学学报（社会科学版），2015，15（4）：19-26．

[15] 程广斌，靳瑶．创新能力提升是否能够增强城市经济韧性？［J］．现代经济探讨，2022（2）：1-11；32．

[16] 程名望，黄甜甜，刘雅娟．农村劳动力外流对粮食生产的影响——来自中国的证据［J］．中国农村观察，2015（6）：15-21；46；94．

[17] 程名望，张帅，潘烜．农村劳动力转移影响粮食产量了吗？——基于中国主产区面板数据的实证分析［J］．经济与管理研究，2013（10）：79-85．

[18] 程锐，夏楠，马莉莉．高校扩招、人力资本与产业结构升级［J］．教育经济评论，2023，8（2）：35-63．

[19] 程旭．乡村产业选择与发展研究——以陕西省富平县岔口村为例［D］．西安：西北大学，2018．

[20] 崔耕瑞．数字金融能否提升中国经济韧性［J］．山西财经大学学报，2021，43（12）：29-41．

[21] 丁建军，王璋，柳艳红，等．中国连片特困区经济韧性测度及影响因素分析［J］．地理科学进展，2020，39（6）：924-937．

[22] 丁守海．中国经济的短期压力、长期韧性与宏观调控［J］．中国高校社会科学，2020（6）：13-27；154．

[23] 杜志威，金利霞，刘秋华．产业多样化、创新与经济韧性——基于后危机时期珠三角的实证［J］．热带地理，2019，39（2）：170-179．

[24] 段进军，玄泽源．长三角一体化背景下江苏省县域经济韧性与乡村振兴耦合关系分析［J］．苏州大学学报（哲学社会科学版），2021，42（3）：32-43．

[25] 段进鹏．股份合作制是优化农村经济系统的组织形式［J］．经济研究，1993（7）：48-52．

[26] 冯海发．构建现代农业“三个体系”加快推进农业现代化［J］．农业经济与管理，2017（5）：9-12．

[27] 冯苑，聂长飞，张东．中国城市群经济韧性的测度与分析——基于经济韧性的shift-share分解［J］．上海经济研究，2020（5）：60-72．

[28] 盖庆恩，朱喜，史清华．劳动力转移对中国农业生产的影响［J］．经济学

(季刊)，2014，13（3）：1147-1170.
[29] 高鸿业. 西方经济学（微观部分）[M]. 5版. 北京：中国人民大学出版社，2011.
[30] 高晶晶，史清华. 中国农业生产方式的变迁探究——基于微观农户要素投入视角 [J]. 管理世界，2021，37（12）：124-134.
[31] 郜亮亮，杜志雄. 中国农业农村人才：概念界定、政策变迁和实践探索 [J]. 中国井冈山干部学院学报，2017，10（1）：115-125.
[32] 耿蕊. 居民收入差距对经济韧性的影响研究——基于京津冀三地面板数据的分析 [J]. 价格理论与实践，2019（11）：142-145.
[33] 耿宇宁，刘婧. 劳动力转移与技术进步对粮食产量的门槛效应分析 [J]. 经济问题，2019（12）：96-103.
[34] 龚立新，杨飞虎，吴良. 人力资本对农村经济增长影响的实证分析——来自江西省的数据检验 [J]. 江西财经大学学报，2012（4）：79-86.
[35] 巩灿娟，张晓青，徐成龙. 中国三大城市群经济韧性的时空演变及协同提升研究 [J]. 软科学，2022，36（5）：38-46.
[36] 管昌玲，张继彤. 经济韧性与经济高质量发展的关系研究——以长三角地区26个地级市为例 [J]. 资源开发与市场，2021，38（2）：194-201.
[37] 郭华，岑霞，罗彤，等. 农村人口结构与金融资源配置的时空耦合水平测度及影响因素研究 [J]. 宏观经济研究，2021（6）：146-160.
[38] 郭将，许泽庆. 产业相关多样性对区域经济韧性的影响——地区创新水平的门槛效应 [J]. 科技进步与对策，2019，36（13）：39-47.
[39] 郝爱民，谭家银. 农村产业融合赋能农业韧性的机理及效应测度 [J]. 农业技术经济，2023（7）：88-107.
[40] 何自力，顾惠民. 土地制度改革、农业生产方式创新与农村集体经济发展 [J]. 上海经济研究，2022（1）：49-60.
[41] 洪炜杰，陈小知，胡新艳. 劳动力转移规模对农户农地流转行为的影响——基于门槛值的验证分析 [J]. 农业技术经济，2016（11）：14-23.
[42] 胡晓辉. 区域经济弹性研究述评及未来展望 [J]. 外国经济与管理，2012，34（8）：64-72.
[43] 胡雪枝，钟甫宁. 人口老龄化对种植业生产的影响——基于小麦和棉花作物分析 [J]. 农业经济问题，2013，34（2）：36-43；110.
[44] 宦梅丽，侯云先. 农机服务、农村劳动力结构变化与中国粮食生产技术效率 [J]. 华中农业大学学报（社会科学版），2021（1）：69-80；177.
[45] 黄国勤. 中国中部地区粮食生产的成就、问题及高质量发展对策 [J]. 中国井冈山干部学院学报，2022，15（1）：62-75.

[46] 黄茂兴，叶琪．新中国70年农村经济发展：历史演变、发展规律与经验启示［J］．数量经济技术经济研究，2019，36（11）：3-21．
[47] 霍松涛．中国乡村经济韧性测度及时空演变特征研究［J］．云南财经大学学报，2023，39（6）：1-17．
[48] 纪韶，李小亮．改革开放以来农村劳动力流动就业制度、政策演进和创新［J］．经济与管理研究，2019，40（1）：64-74．
[49] 蒋辉，张弛，蒋和平．中国农业经济韧性对农业高质量发展的影响效应与机制研究［J］．农业经济与管理，2022（1）：20-32．
[50] 蒋辉．中国农业经济韧性的空间网络效应分析［J］．贵州社会科学，2022（8）：151-159．
[51] 金昊，赵青霞．人口结构转变如何影响技术创新——基于省级面板数据的实证分析［J］．宏观经济研究，2019（12）：130-147．
[52] 金易．人口老龄化背景下中国老年人力资源开发研究［D］．长春：吉林大学，2012．
[53] 孔祥斌，陈文广，党昱譞．中国耕地保护现状、挑战与转型［J］．湖南师范大学社会科学学报，2023，52（5）：31-41．
[54] 孔晓妮．中国人口结构的空间分布特征及其变动对经济增长的影响研究［D］．乌鲁木齐：新疆大学，2016．
[55] 黎明辉，张崇旺．新时代我国农村实用人才队伍建设的成就、问题及对策［J］．农业经济，2023（12）：126-129．
[56] 李爱民，年猛，戴明锋．我国农业转移人口深度市民化研究［J］．中国软科学，2022（8）：67-78．
[57] 李锋．我国农村人口受教育水平的比较研究［J］．农业科研经济管理，2020（3）：12-20．
[58] 李国仓．河南高等教育发展与人口经济结构关系研究［D］．厦门：厦门大学，2007．
[59] 李久林，滕璐，马昊楠，等．安徽省农业经济韧性的空间异质性及其影响因素［J］．华东经济管理，2022，36（11）：75-84．
[60] 李连刚，张平宇，谭俊涛，等．区域经济弹性视角下辽宁老工业基地经济振兴过程分析［J］．地理科学，2019，39（1）：116-124．
[61] 李连刚，张平宇，王成新，等．区域经济韧性视角下老工业基地经济转型过程——以辽宁省为例［J］．地理科学，2021，41（10）：1742-1750．
[62] 李万君，李艳军，史清华．中国农村市场化改革：回顾、反思及启示［J］．中国农村经济，2023（7）：36-56．
[63] 李小敏，覃婷．乡村振兴视阈下农村科技人力资源开发对农村经济的影

响［J］．农业经济，2023（4）：113-115．
［64］ 李晓龙，冉光和．农村产业融合发展如何影响城乡收入差距——基于农村经济增长与城镇化的双重视角［J］．农业技术经济，2019（8）：17-28．
［65］ 李玉恒，黄惠倩，宋传垚．贫困地区乡村经济韧性研究及其启示——以河北省阳原县为例［J］．地理科学进展，2021，40（11）：1839-1846．
［66］ 李玉恒，黄惠倩，王晟业．基于乡村经济韧性的传统农区城乡融合发展路径研究—以河北省典型县域为例［J］．经济地理，2021，41（8）：28-33；44．
［67］ 李玉恒，阎佳玉，刘彦随．基于乡村弹性的乡村振兴理论认知与路径研究［J］．地理学报，2019，74（10）：2001-2010．
［68］ 李仲生．人口经济学［M］．3版．北京：清华大学出版社，2013．
［69］ 梁坤丽，刘维奇．农村产业结构升级对农村经济韧性的影响［J］．经济与管理，2023，37（3）：63-73．
［70］ 廖敬文，张可云．区域经济复原力：国外研究及对中国老工业基地振兴的启示［J］．经济学家，2019（8）：48-61．
［71］ 林本喜，邓衡山．农业劳动力老龄化对土地利用效率影响的实证分析——基于浙江省农村固定观察点数据［J］．中国农村经济，2012（4）：15-25；46．
［72］ 林耿，徐昕，杨帆．佛山市产业专业化、多样化与经济韧性的关系研究［J］．地理科学，2020，40（9）：1493-1504．
［73］ 林善浪，纪晓鹏，姜冲．农村人口空心化对农地规模经营的影响［J］．新疆师范大学学报（哲学社会科学版），2018，39（4）：75-84．
［74］ 刘晗，王钊，姜松．人力资本对农业技术效率影响研究——基于省级面板数据的实证分析［J］．云南财经大学学报，2016，32（3）：58-68．
［75］ 刘厚莲，张刚．乡村振兴战略目标下的农村人口基础条件研究［J］．人口与发展，2021，27（5）：130-139．
［76］ 刘家斌，王娟．论新型职业农民培育在全面乡村振兴中的关键性作用［J］．农业经济，2022（8）：90-91．
［77］ 刘鉴，杨青山，张郁，等．东北三省县级尺度人口老龄化空间格局演变及类型划分［J］．地理科学，2020，40（6）：918-927．
［78］ 刘晶，金晓斌，范业婷，等．基于“城—村—地”三维视角的农村居民点整理策略——以江苏省新沂市为例［J］．地理研究，2018，37（4）：678-694．
［79］ 刘景景．劳动力结构老化对粮食生产的影响［J］．华南农业大学学报（社会科学版），2017，16（3）：36-48．
［80］ 刘美豆．发达地区乡村韧性演进及动力机制［D］．南京：南京师范大学，

2021.
[81] 刘清芝. 中国农村人口结构综合调整研究 [D]. 哈尔滨: 东北农业大学, 2007.
[82] 刘姝雯, 杨胜刚, 阳旸. 中国农村经济发展新旧动能转换测度与评价 [J]. 统计与决策, 2021, 37 (8): 73-76.
[83] 刘晓雯, 李琪. 乡村振兴主体性内生动力及其激发路径的研究 [J]. 干旱区资源与环境, 2020, 34 (8): 27-34.
[84] 刘以雷. 中国西部经济高质量发展研究报告 (2021) [M]. 北京: 经济科学出版社, 2022.
[85] 龙花楼, 李裕瑞, 刘彦随. 中国空心化村庄演化特征及其动力机制 [J]. 地理学报, 2009, 64 (10): 1203-1213.
[86] 陆杰华. 老龄社会背景下老年人力资源开发与利用 [J]. 中国党政干部论坛, 2021 (5): 75-78.
[87] 吕瑞华, 崔援民. 农村经济系统动态协调发展决策模型及应用 [J]. 数量经济技术经济研究, 2002 (5): 33-36.
[88] 马一先, 邓旭. 乡村教育助力乡村振兴的价值意蕴、目标指向与实践路径 [J]. 现代教育管理, 2022 (10): 50-57.
[89] 马玉婷, 高强, 杨旭丹. 农村劳动力老龄化与农业产业结构升级: 理论机制与实证检验 [J]. 华中农业大学学报 (社会科学版), 2023 (2): 69-79.
[90] 茆长宝, 熊化忠. 乡村振兴战略下农村人口两化问题与风险前瞻 [J]. 西南民族大学学报 (人文社会科学版), 2019, 40 (8): 57-63.
[91] 穆光宗, 茆长宝. 人口少子化与老龄化关系探究 [J]. 西南民族大学学报 (人文社会科学版), 2017, 38 (6): 1-6.
[92] 彭荣熙, 刘涛, 曹广忠. 中国东部沿海地区城市经济韧性的空间差异及其产业结构解释 [J]. 地理研究, 2021, 40 (6): 1732-1748.
[93] 齐昕, 张景帅, 徐维祥. 浙江省县域经济韧性发展评价研究 [J]. 浙江社会科学, 2019 (5): 40-46; 156.
[94] 师慧. 京津冀城市经济韧性评价研究 [D]. 北京: 北京交通大学, 2021.
[95] 宋结合. 农村劳动力转移对我国农村经济增长影响研究 [J]. 商业经济研究, 2015 (13): 34-36.
[96] 苏任刚, 赵湘莲. 制造业升级、信息网络发展与城市经济韧性 [J]. 经济与管理, 2022, 36 (1): 48-57.
[97] 速水佑次郎, 拉坦. 农业发展: 国家前景 [M]. 吴伟东, 等译. 北京: 商务印书馆, 2014.
[98] 孙慧, 原伟鹏. 西部地区经济韧性与经济高质量发展的关系研究 [J]. 区域

经济评论，2020（5）：23-35.
[99] 孙久文，孙翔宇. 区域经济韧性研究进展和在中国应用的探索［J］. 经济地理，2017，37（10）：1-9.
[100] 孙月，周旭，刘志斌. 新常态下农业科技人才队伍建设的思考［J］. 农业科技管理，2021，40（3）：89-92.
[101] 汤兆云. 新中国农村人口政策及其演变［M］. 北京：社会科学文献出版社，2019.
[102] 唐莹，陈梦涵. 农业基础设施对农业经济韧性的作用机制与效应研究［J］. 农林经济管理学报，2023，22（3）：292-300.
[103] 佟明亮. 消费结构升级对经济韧性的影响——基于动态GMM面板的实证分析［J］. 商业经济研究，2021（15）：40-43.
[104] 佟新. 人口社会学［M］. 4版. 北京：北京大学出版社，2010.
[105] 王琛，郭一琼. 地方产业抵御经济危机的弹性影响因素——以电子信息产业为例［J］. 地理研究，2018，37（7）：1297-1307.
[106] 王菲，孙淑惠，刘天军. 数字经济发展推进了农业生产方式变革吗？——来自黄河流域地级市的证据［J］. 2023（9）：122-143.
[107] 王国刚，刘彦随，王介勇. 中国农村空心化演进机理与调控策略［J］. 农业现代化研究，2015，36（1）：34-40.
[108] 王笳旭，李朝柱. 农村人口老龄化与农业生产的效应机制［J］. 华南农业大学学报（社会科学版），2020，19（2）：60-73.
[109] 王介勇，刘彦随，陈秧分. 农村空心化程度影响因素的实证研究——基于山东省村庄调查数据［J］. 自然资源学报，2013，28（1）：10-18.
[110] 王鹏，钟誉华，颜悦. 科技创新效率与区域经济韧性的交互分析——基于珠三角地区的实证［J］. 科技进步与对策，2022，39（8）：48-58.
[111] 王为，王佳美. 农户老龄化与女性化对种植业生产效率影响分析——基于黑龙江省824个调查样本［J］. 农业经济，2019（3）：68-70.
[112] 韦艳肖. 财政支农资金风险管理及防控策略［J］. 中国农业资源与区划，2022，43（5）：206；39.
[113] 卫龙宝，张艳红，高叙文. 我国农业劳动力转移对粮食安全的影响——基于面板数据的实证分析［J］. 经济问题探索，2017（2）：160-167.
[114] 魏君英，韩丽艳. 农村人口结构变化对农作物种植结构的影响——基于中国粮食主产区面板数据的全面FGSL估计［J］. 农村经济，2019（3）：55-63.
[115] 温忠麟，叶宝娟. 中介效应分析：方法和模型发展［J］. 心理科学进展，2014，22（5）：731-745.
[116] 吴雄周. 农户韧性能力促进高质量防贫的内在机制和实现路径［J］. 求索，

2021 (4): 117-124.

[117] 谢家智，车四方，林涌. 农业旱灾风险管理脆弱性评价及驱动因素分析 [J]. 西南大学学报 (社会科学版)，2017，43 (3): 43-53; 189-190.

[118] 徐清华，张广胜. 农村劳动力转移对县域农业生产效率的空间溢出效应——基于 1832 个县的面板数据 [J]. 农业现代化研究，2020，41 (3): 407-416.

[119] 徐圆，邓胡艳. 多样化、创新能力与城市经济韧性 [J]. 经济学动态，2020 (8): 88-104.

[120] 徐圆，张林玲. 中国城市的经济韧性及由来：产业结构多样化视角 [J]. 财贸经济，2019，40 (7): 110-126.

[121] 徐媛媛，王琛. 金融危机背景下区域经济弹性的影响因素——以浙江省和江苏省为例 [J]. 地理科学进展，2017，36 (8): 986-994.

[122] 薛亮，梅旭荣，王济民，等. 后金融危机时期中国农业科技发展若干问题的思考——掌握农业科技竞争主动权，迎接新一轮的世界科技革命 [J]. 中国农业科学，2013，46 (13): 2821-2832.

[123] 鄢姣. 中国农业适度规模经营研究：一个文献综述 [J]. 农业经济与管理，2021 (1): 21-29.

[124] 颜榕，姚型浩，米红. 人口老龄化对农业经济韧性的影响研究——基于农业科技应用的中介效应 [J]. 浙江海洋大学学报 (人文科学版)，2022，39 (6): 71-81.

[125] 杨菊华，史冬梅. 积极老龄化背景下老年人生产性资源开发利用研究 [J]. 中国特色社会主义研究，2021 (5): 85-95.

[126] 杨忍，刘彦随，陈秧分. 中国农村空心化综合测度与分区 [J]. 地理研究，2012，31 (9): 1697-1706.

[127] 叶堂林，李国梁，梁新若. 社会资本能有效提升区域经济韧性吗——来自我国东部三大城市群的实证分析 [J]. 经济问题探索，2021 (5): 84-94.

[128] 尹朝静. 科研投入、人力资本与农业全要素生产率 [J]. 华中农业大学学报 (社会科学版)，2017，16 (3): 27-35.

[129] 于莎，赵义情. 空心村治理下新型职业农民培育研究——基于内生发展理论 [J]. 中国职业技术教育，2018 (26): 5-11.

[130] 于伟，张鹏，姬志恒. 中国省域农村教育人力资本与农业全要素生产率的空间交互效应——基于空间联立方程的经验分析 [J]. 中国农业大学学报，2020，25 (3): 192-202.

[131] 于伟，张鹏. 中国农业发展韧性时空分异特征及影响因素研究 [J]. 地理与地理信息科学，2019，35 (1): 102-108.

[132] 张冲，王磊．中国农村人口变动对粮食生产的影响研究 [J]．农村经济，2018 (6)：123-128.
[133] 张翀，焦伟伟．风险投资与经济韧性——基于空间杜宾模型的实证研究 [J]．投资研究，2021，40 (6)：23-39.
[134] 张建伟，曾志庆，李国栋．中国农业经济高质量发展水平测度及其空间差异分析 [J]．世界农业，2022 (10)：98-110.
[135] 张宽，邓鑫，沈倩岭，等．农业技术进步、农村劳动力转移与农民收入——基于农业劳动生产率的分组PVAR模型分析 [J]．农业技术经济，2017 (6)：28-41.
[136] 张明斗，惠利伟．中国农业经济韧性的空间差异与影响因素识别 [J]．世界农业，2022 (1)：36-50.
[137] 张明斗，李维露．东北地区城市韧性水平的空间差异与收敛性研究 [J]．工业技术经济，2020，39 (5)：3-12.
[138] 张明斗，吴庆帮，李维露．产业结构变迁、全要素生产率与城市经济韧性 [J]．郑州大学学报（哲学社会科学版），2021，54 (6)：51-57.
[139] 张永丽，金虎玲．农村人口和劳动力资源禀赋变动趋势 [J]．经济学动态，2013 (9)：78-87.
[140] 张跃胜，邓帅艳，张寅雪．城市经济韧性研究：理论进展与未来方向 [J]．管理学刊，2022，35 (2)：54-67.
[141] 张振，李志刚，胡璇．城市群产业集聚、空间溢出与区域经济韧性 [J]．华东经济管理，2021，35 (8)：59-68.
[142] 张振，赵儒煜，杨守云．东北地区产业结构对区域经济韧性的空间溢出效应研究 [J]．科技进步与对策，2020，37 (5)：37-46.
[143] 张振，赵儒煜．区域经济韧性的理论探讨 [J]．经济体制改革，2021 (3)：47-52.
[144] 张振．东北地区区域经济韧性研究 [D]．长春：吉林大学，2020.
[145] 赵春燕，宋晓莹．人口老龄化对产业结构升级的双边效应 [J]．西北人口，2021，42 (3)：38-51.
[146] 赵春燕，王世平．经济集聚对城市经济韧性的影响 [J]．中南财经政法大学学报，2021 (1)：102-114.
[147] 赵儒煜，范家辉，陈强．论东北老工业基地产业转型升级——兼及吉林省的选择与对策研究 [J]．东北亚经济研究，2018，2 (2)：74-91.
[148] 赵思诚，许庆，刘进．劳动力转移、资本深化与农地流转 [J]．农业技术经济，2020 (3)：4-19.
[149] 赵周华，霍兆昕．中国乡村振兴战略实施面临的人口问题及应对思路 [J].

农业农村部管理干部学院学报，2019（3）：26-33.
[150] 赵周华. 中国农村人口变化与乡村振兴：事实特征、理论阐释与政策建议 [J]. 农业经济管理，2018（4）：18-27.
[151] 郑殿元，文琦，王银，等. 中国村域人口空心化分异机制及重构策略 [J]. 经济地理，2019，39（2）：161-168；189.
[152] 钟甫宁，陆五一，徐志刚. 农村劳动力外出务工不利于粮食生产吗？——对农户要素替代与种植结构调整行为及约束条件的解析 [J]. 中国农村经济，2016（7）：36-47.
[153] 周宏，王全忠，张倩. 农村劳动力老龄化与水稻生产效率缺失——基于社会化服务的视角 [J]. 中国人口科学，2014（3）：53-65；127.
[154] 周侃，刘宝印，樊杰. 汶川Ms 8.0地震极重灾区的经济韧性测度及恢复效率 [J]. 地理学报，2019，74（10）：2078-2091.
[155] 朱光磊，裴新伟. 中国农民规模问题的不同判断、认知误区与治理优化 [J]. 北京师范大学学报（社会科学版），2021（6）：127-138.
[156] 朱华友，吉盼，陈泽侠，等. 异质性视角下浙江省农村韧性问题及影响因素 [J]. 经济地理，2021，41（8）：160-166；222.
[157] 朱晶，李天祥，林大燕. 开放进程中的中国农产品贸易：发展历程、问题挑战与政策选择 [J]. 农业经济问题，2018（12）：19-32.
[158] ADGER W N. Social capital，collective action and adaptation to climate change [J]. Economic Geography，2003，79（4）：387-404.
[159] AMLOGAN R，METCALFE J S. Restless capitalism：a complexity perspective on modern capitalist economies [J]. Complexity and co-evolution：Continuity and change in socio-economicsystems，2006（5）：115-146.
[160] ANGULO A M，MUR J，TRÍVEZ F J. Measuring resilience to economic shocks：an application to Spain [J]. The Annals of Regional Science，2018，60（2）：349-373.
[161] APPLETON S，BALIHUTA A. Education and agricultural productivity：evidence from Uganda [J]. Journal of International Development，1996，8（3）：415-444.
[162] ARELLANO M，BOND S. Some tests of specification for panel data：monte Carlo evidence and an application to employment equations [J]. The Review of Economic Studies，1991，58（2）：277-297.
[163] BARON R M，KENNY D A. The moderator-mediator variable distinction in social psychological research：conceptual，strategic，andstatistical

considerations [J]. Journal of Personality and Social Psychology, 1986, 51 (6): 1173-1182.

[164] BARRO R J, LEE J W. International data on educational attainment: updates and implications [J]. Oxford Economic Papers, 2001, 3 (3): 541 - 563.

[165] BASHIR A, SUSETYO D, SUHEL, et al. The relationship between economic growth, human capital, and agriculture sector: empirical evidence from Indonesia [J]. International Journal of Food and Agricultural Economics, 2018, 6 (4): 35-52.

[166] BENHABIB J, SPIEGEL M. The role of human capital in economic development: evidence from aggregate cross-country data [J]. Journal of Monetary Economics, 1994, 34 (2): 143-173.

[167] BOSCHMA R, MARTIN R. The handbook of evolutionary economic geography [M] .Cheltenham: Edward Elgar publishing, 2010.

[168] BOSCHMA R, MARTIN R. Constructing an evolutionary economic geography [J]. Journal of Economic Geography, 2007, 7 (5): 537-548.

[169] BOSCHMAR. Towards an evolutionary perspective on regional resilience [J]. RegionalStudies, 2015, 49 (5): 733-751.

[170] BRAUW A D. Migration, youth, and agricultural productivity in Ethiopia [R]. Working Paper of International Food Policy Research Institute, 2015.

[171] BRISTOW G, HEALY A. Innovation and regional economic resilience: an exploratory analysis [J]. Annals of Regional Science, 2018, 60 (2): 265-284.

[172] BRISTOW G, HEALY A. Regional resilience: an agency perspective [J]. Regional Studies, 2014, 48 (5): 923-935.

[173] BROWN C C. The impact of changing diversification on stability and growth in a regionaleconomy [J]. Research in Business and Economics Journal, 2012, 5 (1): 1-10.

[174] BROWN L, GREENBAUM R T. The role of industrial diversity in economic resilience: an empirical examination across 35 years [J]. Urban Studies, 2017, 54 (6): 1347-1366.

[175] CALIGNANO G, SIENA L D. Does innovation drive economic resistance? Not in Italy, at least! [J]. Rivista Geografica Italiana, 2020, 127 (3): 31-49.

[176] CARLSON J E, DILLMAN D A. The influence of farmers' mechanical skill on the development and adoption of a new agriculture practice [J]. Rural Sociology, 1988, 53 (2): 235-245.

[177] CELLINI R, TORRISI G. Regional resilience in Italy: a very long-run analysis [J]. Regional Studies, 2014, 48 (11): 1779-1796.

[178] COPP J H, SILL M L, BROWN E J. The function of information sources in the farm practiceadoption process [J]. Rural Sociology, 1958, 23 (2): 146-157.

[179] CRESCENZI R, LUCA D, MILIO S. The geography of the economic crisis in Europe: national macroeconomic conditions, regional structural factors and short-term economic performance [J]. Cambridge Journal of Regions, Economy and Society, 2016, 9 (1): 13-32.

[180] CUADRADO-ROURA J R, MAROTO A. Unbalanced regional resilience to the economic crisis in Spain: a tale of specialization and productivity [J]. Cambridge Journal of Regions, Economy & Society, 2016, 9 (1): 153-178.

[181] DAVIES S. Regional resilience in the 2008-2010 downturn: comparative evidence from European countries [J]. Cambridge Journal of Regions, Economy and Society, 2011, 4 (3): 369-382.

[182] DAWLEY S. Creating new paths? offshore wind, policy activism, and peripheral region development [J]. Economic Geography, 2014, 90 (1): 91-112.

[183] DI CARO P. Testing and explaining economic resilience with an application to Italian regions [J]. Papers in Regional Science, 2017, 96 (1): 93-113.

[184] DIODATO D, WETERINGS A. The resilience of Dutch regions to economics shocks: measuring the relevance of interactions among firms and workers [R]. Papers in Evolutionary Economic Geography, 2012.

[185] DORAN J, FINGLETON B. US metropolitan area resilience: insights from dynamic spatial panel estimation [J]. Environment and Planning A: Economy and Space, 2018, 50 (1): 111-132.

[186] Du Z W, Zhang H O, Ye Y Y, et al. Urban shrinkage and growth: measurement and determinants of economic resilience in the Pearl River Delta [J]. Journal of Geographical Sciences, 2019, 29 (8): 1331-1345.

[187] GIANNAKIS E, BRUGGEMAN A. Determinants of regional resilience to

economic crisis：a European perspective [J]. European Planning Studies，2017，25 (8)：1394-1415.

[188] EVANS R，KARECHA J. Staying on top：why is Munich so resilient and successful? [J]. European Planning Studies，2014，22 (6)：1259-1279.

[189] EVENHUIS E. New directions in researching regional economic resilience and adaptation [J]. Geography Compass，2017，11 (11)：41-57.

[190] FILIPPETTI A，GKOTSIS P，VEZZANI A，et al. Are innovative regions more resilient? Evidence form Europe in 2008-2016 [J]. Economia Politica：Journal of Analytical and Institutional Economics，2020，37 (3)：807-832.

[191] FINGLETON B，GARRETESN H，MARTIN R. Recessionary shocks and regional employment：evidence on the resilience of U. K. regions [J]. Journal of Regional Science，2012，52 (1)：109-133.

[192] FLORIN O，ONOFREI M，DAN L，et al. The determinants of economic resilience：the case of eastern European regions [J]. Sustainability，2020，12 (10)：4228.

[193] FOLKE C，CARPENTER S R，WALKER B，et al. Resilience thinking：integrating resilience，adaptability and transformability [J]. Ecology and Society，2010，15 (4)：20-28.

[194] FOSTER K A. A Case study approach to understanding regional resilience [R]. IURD Working Paper，2007.

[195] FRENKEN K，BOSCHMA R A. A theoretical framework for evolutionary economic geography：industrial dynamics and urban growth as a branching process [J]. Journal of Economic Geography，2007，7 (5)：635-649.

[196] FRENKEN K，VAN OORT F，VERBURG T. Related variety，unrelated variety and regional economic growth [J]. Regional Studies，2007，41 (5)：685-697.

[197] FUJITA M，THISSE J F. Economics of agglomeration：cities，industrial location and regional growth [M]. Cambridge：Cambridge University Press，2005.

[198] GIANNAKIS E，BRUGGEMAN A. Regional disparities in economic resilience in the European Union across the urban-rural divide [J]. Regional Studies，2020，54 (9)：1200-1213.

[199] GLAESER E L，PONZETTO G A M，TOBIO K. Citiesskills and regional

change [J]. RegionalStudies，2014，48 (1)：7-43.

[200] GRABHER G. The weakness of strong ties：the lock-in of regional development in the Ruhr Area [M] //GRABHER G. The embedded firm：on the socioeconomics of industrial networks. London：Routledge，1993.

[201] GROSS N，TAVES M J. Characteristics associated with acceptance of recommended farm practices [J]. Rural Sociology，1952，17 (4)：321-327.

[202] GUNDERSON L H，HOLLING C S. Panarchy：understanding transformations in human and natural systems [M]. Washington DC：Island Press，2002.

[203] HAN Y，GOETZ S J. Predicting US county economic resilience from industry input-output accounts [J]. Applied Economics，2019，51 (19)：2019-2028.

[204] HASSINK R. Regional resilience：a promising concept to explain differences in regional economic adaptability? [J]. Cambridge Journal of Regions，Economy and Society，2010，3 (1)：45-58.

[205] HAUSER C，TAPPEINER G，WALDE J. The learning region：the impactof social capital and weak ties on innovation [J]. Regional Studies，2007，41 (1)：75-88.

[206] HAYAMI Y，RUTTAN V. Agricultural development：an international perspective [M]. Baltimore：Johns Hopkins University Press，1985.

[207] HILL E W，CLAIR T S，WIAL H，et al. Economic shocks and regional economic resilience [R]. Working Paper of UC Berkeley，2012.

[208] HILL E W，WIAL H，WOLMAN H. Exploring regional economic resilience [R]. IURD Working Paper，2008.

[209] HOLLING C S. Resilience and stability of ecological systems [J]. Annual Review of Ecology & Systematics，1973 (4)：1-23.

[210] HOLM J R，ØSTERGAARD C R. Regional employment growth，shocks and regional industrial resilience：a quantitative analysis of the Danish ICT sector [J]. Regional Studies，2015，49 (1)：95-112.

[211] HU X，HASSINK R. Exploring adaptation and adaptability in uneven economic resilience：a tale of two Chinese mining regions [J]. Cambridge Journal of Regions，Economy and Society，2017，10 (3)：527-541.

[212] HUANG J，GAO L，ROZELLE S. The effect of off-farm employment on

the decisions of households to rent out and rent in cultivated land in China [J]. China Agricultural Economic Review, 2012, 4 (1): 5-17.

[213] HUGGINS R, THOMPSON P. Local entrepreneurial resilience and culture: the role of social values in fostering economic recovery [J]. Cambridge Journal of Regions Economy and Society, 2015, 8 (2): 313-330.

[214] ISLAM N. Growth empirics: A pale data approach [J]. The Quarterly Journal of Economics, 1995, 110 (4): 1127-1170.

[215] JI C, GUO H D, JIN S Q, et al. Outsourcing agricultural production: evidence from rice famers in Zhejiang province [J]. PLOS One, 2017, 12 (1): 1-16.

[216] KLIMEK P, POLEDNA S, THURNER S. Quantifying economic resilience from input-output susceptibility to improve predictions of economic growth and recovery [J]. Nature Communications, 2019, 10 (1): 1677.

[217] KNIGHT M D, LOAYZA N, VILLANUEVA D. Testing the neoclassical theory of economic growth: a panel data approach [J] . IMF Economic Review, 1993, 40 (3): 512-541.

[218] KUNG JK S. Off-farm labor markets and the emergence of land rental markets in rural China [J]. Journal of Comparative Economics, 2002, 30 (2): 395-414.

[219] LI L G, ZHANG P Y, LI X. Regional economic resilience of the old industrial bases in China-acase study of Liaoning province [J] . Sustainability, 2019, 11 (3): 1-14.

[220] LI Y H, SONG C Y, HUANG H Q. Rural resilience in China and key restriction factor detection [J]. Sustainability, 2021, 13 (3): 1080.

[221] MARTIN R, SUNLEY P, GARDINER B, et al. How regions react to recessions: resilience and the role of economic structure [J]. Regional Studies, 2016, 50 (4): 561-585.

[222] MARTIN R, SUNLEY P, TYLER P. Local growth evolutions: recession, resilience and recovery [J]. Cambridge Journal of Regions Economy and Society, 2015, 8 (2): 141-148.

[223] MARTIN R, SUNLEY P. On the notion of regional economic resilience: conceptualization and explanation [J]. Journal of Economic Geography, 2015, 15 (1): 1 - 42.

[224] MARTIN R, SUNLEY P. The place of path dependence in an evolutionary perspective on the economic landscape [J]. Chapters: Handbook of

Evolutionary Economic Geography，2010（3）：1-48.
［225］MARTIN R. Regional economic resilience，hysteresis and recessionary shocks［J］. Journal of Economic Geography，2012，12（1）：1-32.
［226］MCGLADE J，MURRAY R，BALDWIN J S，et al. Industrial resilience and decline：a co-evolutionary framework［M］.Cheltenham：Edward Elgar，2006.
［227］MICHEL-VILLARREAL R，VILALTA-PERDOMO E，HINGLEY M，et al. Evaluating economic resilience for sustainable agri-food systems：the case of Mexico［J］. Strategic Change，2019，28（4）：279-288.
［228］MORETTI E. Estimating the social return to higher education：evidence from longitudinal and repeated cross-sectional data［J］. Journal of Econometrics，2004，121（2）：175-212.
［229］NELSON R R，PHELPS E S. Investment in humans，technological diffusion，and economic growth［J］. The American Economic Review，1966，56（1/2）：69-75.
［230］NYSTRÖM K. Regional resilience to displacements［J］. Regional Studies，2017（1）：1-19.
［231］PAVEL A，MOLDOVAN B A，KOURTIT K，et al. Urban or rural：Does it make adifference for economic resilience? amodelling study on economic and cultural geography in Romania［J］. Sustainability，2020，12（9）：3776.
［232］PENDALL R，FOSTER K A，COWELL M. Resilience and regions：building understanding of the metaphor［J］. Cambridge Journal of Regions，Economy and Society，2010，3（1）：71-84.
［233］PHILLIPS J M，MARBLE R P. Farmer education and efficiency：a frontier production function approach［J］. Economics of Education Review，1986，5（3）：257-264.
［234］PIKE A，DAWLEY S，TOMANEY J. Resilience，adaptation and adaptability［J］. Cambridge Journal of Regions，Economy and Society，2010，3（1）：59-70.
［235］PIMM S L. The Complexity and stability of ecosystems［J］. Nature，1984（307）：321-326.
［236］PRETORIUS O，DREWES E，VAN ASWEGEN M，et al. A policy approach towards achieving regional economic resilience in developing countries：evidence from the SADC［J］. Sustainability，2021，13（5）：

2674.

[237] QUENDLER E, MORKŪNAS M. The economic resilience of the Austrian agriculture since the EU accession [J]. Journal of Risk and Financial Management, 2020, 13 (10): 1-20.

[238] RAY D M, MACLACHLAN I, LAMARCHE R, et al. Economic shock and regional resilience: continuity and change in Canada′s regional employment structure, 1987-2012 [J]. Environment and Planning A, 2017, 49 (4), 952-973.

[239] REGGIANI A, GRAAFF T D, NIJKAMP P. Resilience: an evolutionary approach to spatial economic systems [J]. Networks and Spatial Economics, 2002, 2 (2): 211-229.

[240] REGGIANI A. Network resilience for transport security: some methodological considerations [J]. Transport Policy, 2013, 28 (2): 63-68.

[241] RENAUD B. National urbanization policy in developing countries [M]. Oxford: Oxford University Press, 1981.

[242] RIZZI P, GRAZIANO P, DALLARA A. A capacity approach to territorial resilience: the case of European regions [J]. The Annals of Regional Science, 2018, 60 (2): 285-328.

[243] ROGER M, WASMER M. Heterogeneity matters: labour productivity differentiated by age and skills [R]. Working Papers of the DESE, 2011.

[244] ROSE A. Economic resilience to natural and man-made disasters: multidisciplinary origins and contextual dimensions [J]. Environmental Hazards, 2007, 7 (4): 383-398.

[245] ROZELLE S, TAYLOR J E, DE BRAUW A. Migration, remittances and agricultural productivity in China [J]. The American Economic Review, 1999, 89 (2): 287-291.

[246] SENSIER M, BRISTOW G, HEALY A. Measuring regional economic resilience across Europe: operationalizing a complex concept [J]. Spatial Economic Analysis, 2016, 11 (2): 128-151.

[247] SHAHABADI A, KIMIAEI F, AFZALI M A. The evaluation ofimpacts of knowledge-based economy factors on the improvement of total factor productivity (acomparative study of emerging and G7 economies) [J]. Journal of the Knowledge Economy, 2016, 9 (2): 896-907.

[248] SHANMUGAN K, BARIA B P. Agricultural labour productivity and its

determinants in India [J]. The Indian Journal of Labour Economics, 2019, 62 (3): 431-449.

[249] SHUTTERS S T, KANDALA S S, WEI F, et al. Resilience of urban economic structures following the great recession [J]. Sustainability, 2021, 13 (4): 2374.

[250] SIMMIE J, MARTIN R. The economic resilience of regions: towards an evolutionary approach [J]. Cambridge Journal of Regions, Economy and Society, 2010, 3 (1): 27-43.

[251] STAMPINI M, DAVIS B. Does off-farm labor relax farmers′ credit constraints? Evidence from longitudinal data for Vietnam [R]. IZA Discussion Papers No.3403, 2008, 40 (2): 177-188.

[252] STRIJKER D. Marginal lands in Europe-causes of decline [J]. Basic and Applied Ecology, 2005, 6 (2): 99-106.

[253] SWANSTROM T. Regional resilience: a critical examination of the ecological framework [J]. Institute of Urban & Regional Development, 2008 (7): 1-28.

[254] TAN J T, LO K V, QIU F D, et al. Regional economic resilience of resource-based cities and influential factors during economic crises in China [J]. Growth and Change, 2020, 51 (1): 362-381.

[255] TAN J T, LO K V, QIU F D, et al. Regional economic resilience: resistance and recoverability of resource-based cities during economic crises in northeast China [J]. Sustainability, 2017, 9 (12): 2136.

[256] TAN J T, ZHANG P Y, LO K V, et al. Conceptualizing and measuring economic resilience of resource-based cities: case study of northeast China [J]. Chinese Geographical Science, 2017, 27 (3): 471-481.

[257] TAUER L W. Farmers productivity at various ages [R]. Working Paper of Northeastern Agricultural and Resource Economics Association Annual Meeting, 1993.

[258] VAN BERGEIJK P A G, BRAKMAN S, VAN MARREWIJK C. Heterogeneous economic resilience and the great recession' s world trade collapse [J]. Papers in Regional Science, 2017, 96 (1): 3-13.

[259] VAN OORT F, DE GEUS S, DOGARU T. Related variety and regional economic growth in a cross-section of European urban regions [J]. European Planning Studies, 2015, 23 (6): 1110-1127.

[260] VANDENBUSSCHE J, AGHION P, MEGHIR C. Growth, distance to

frontier and composition of human capital [J]. Journal of Economic Growth, 2006, 11 (2): 97-127.

[261] VERHAEGEN P, SALTHOUSE T A. Meta - analyses of age - cognition relations in adulthood: estimates of linear and nonlinear age effects and structural models [J]. Psychological Bulletin, 1997, 122 (3): 231-249.

[262] VOLKOV A, ŽIČKIENĖ A, MORKUNAS M, et al. A multi - criteria approach for assessing the economic resilience of agriculture: the case of Lithuania [J]. Sustainability, 2021 (13): 2370.

[263] WALKER B, HOLLING C S, CARPENTER S R, et al. Resilience, adaptability and transformability in social-ecological systems [J]. Ecology and Society, 2004, 9 (2): 5-6.

[264] WEBBER D J, HEALY A, BRISTOW G. Regional growth paths and resilience: a European analysis [J]. Economic Geography, 2018, 94 (4): 355-375.

[265] WHITLEY R. The institutional structuring of innovation strategies: business systems, firm types and patterns of technical change in different market economies [J]. Organization Studies, 2000, 21 (5): 855-886.

[266] WOUTERSE F. Migration and technical efficiency in cereal production: evidence from Burkina Faso [J]. Agricultural Economics, 2010, 41 (5): 385-395.

[267] YAO Y. The development of the land lease market in rural China [J]. Land Economics, 2000, 76 (2): 252-266.

[268] ŽENKA J, SLACH O, PAVLÍK A. Economic resilience of metropolitan, old industrial, and rural regions in two subsequent recessionary shocks [J]. European Planning Studies, 2019, 27 (11): 2288-2311.

[269] ZHANG X B, YANG J, THOMAS R. Mechanization outsourcing clusters and division of labor in Chinese agriculture [J]. China Economic Review, 2017, 43: 184-195.

[270] ZOU B L, MISHRA A K, LUO B L. Aging population, farm succession, and farmland usage: evidence form rural China [J]. Land Use Policy, 2018, 77: 437-445.

索引